唐浩明評點曾國藩語録

二

爲學

原文　猛火煮慢火温

師友夾持，雖懦夫亦有立志。予思朱子言：爲學譬如熬肉，先須用猛火煮，然後用慢火温。予生平工夫，全未用猛火煮過，雖略有見識，乃是從悟境得來；偶用功，亦不過優遊玩索已耳。如未沸之湯，遽用慢火温之，將愈煮愈不熟矣。

譯文

老師朋友上下扶掖，即便是懦夫也會立有志向。我想起朱子的話：爲學好比熬肉，先必須用大火煮沸，然後再用小火慢慢地煨透。我平生學問上的工夫，完全沒有用過大火煮沸，雖然略微有點見識，乃是從悟性這個境界裏得來的。偶爾用過功，也不過是優閒把玩而已，好比沒有沸騰的湯，即刻便用慢火温煨，將會越煮越不能熟透。

評點

這段話出自曾國藩道光二十二年九月十八日給諸弟的家信。此時曾氏年齡三十二歲，入京已三年，官居翰林院國史館協修官，秩爲正六品，屬中央政府裏的低級官員，俗稱小京官。受信人爲他的四個弟弟。四個弟弟都在老家湖南讀書，且無一人有任何功名。此時的曾氏身爲詞臣，公務清閒，得以有時間讀書做詩文。這段時期，他以《朱子全書》爲課本，究心程朱理學，所引的這段朱熹的話，便出自於《朱子語類》。朱熹的原話爲：『今語學問，已如煮物相似，須爇猛火先煮，方用微火慢煮。若一向衹用微火，何由得熟？欲復自家原來之性，乃恁地悠悠，幾時會做得？大要須先立頭緒。頭緒既立，然後有所持守。』

朱熹的意思是，求學問的過程，就好比用火煮食物一樣。先要用大火將食物猛烈地煮一陣子，待它已經熟了後，再用小火慢慢地煨。食物尤其是難以煮熟的食物比如肉類，如果一開始不用大火猛煮的話，它根本就熟不了，但也不能一個勁地用大火，那樣就會把它燒焦了。食物中的精華部分，則需用小火慢慢細細地熬出來。朱熹認爲，要恢復人原本的誠善之性，要爲人生立一個大的規模，必須要用一段時期大量地刻苦地攻讀聖賢的經典著作。有了這樣一段過程之後，纔有可能再來悠閒地閱讀，細心地體味書中精義；如果一開始就欠缺這個刻苦攻讀的過程，那麽一輩子就將得不到真正的學問。

曾氏在唐鑒的指導下與倭仁等人一道，通過嚴格修煉，其信仰更爲堅定，其心思也日趨純粹，在求取學問的途徑上，他亦甚爲認同這種『先猛後温』的方式。鑒於過去缺少『猛火煮』階段，他决心以加倍勤奮來予以補救。道光二十二年十二月二十日，曾氏在給諸弟的信後附了一份課程表。其日常功課的主要内容便是讀書求學：讀完二十三史，又特別註明每日讀十頁，雖有事亦不間斷，一書不讀完，不讀他書。每天寫日記。每天記茶餘偶談一則，分德行、學問、經濟、藝術四門。每日做詩文數首。每天早起作字。夜裏一律不出門。

曾氏將這個自己很認同並切實照着辦的讀書方法告訴諸弟，無疑是希望弟弟們也能照着做。曾氏的這四個弟弟，眼下正是全職讀書郎，實在是應該趁此大好時候來一番『猛火煮肉』，即集中全副精力大量地日夜兼程地讀書做詩文，藉以立下學問規模。筆者也很認同這種求學方式。人生在世雖然漫長，可以活到七八十年，甚至高達百歲，但不需旁騖，能系統讀書的時間也不過十多年，這十多年的求學歲月對一生的事業和成就關係巨大。在這段時間裏有沒有『燒過猛火』，常常是日後的人生有無成就的一個重要原因。許多人在學校裏讀書時不知珍惜，到了中年以後纔痛切感受少壯不努力所帶來的後果。再思補救，爲時已晚。因爲中年之後，按求學的程序，是應該到『慢火温』的時候了。那時若再用『猛火煮』，且不説各種條件已不具備，即便具備，『温』的階段豈不要下移到老年！人到了老年，還能有大作爲嗎？

原文　用功譬若掘井

子序之爲人，予至今不能定其品，然識見最大且精，嘗教我云：『用功譬若掘井，與其多掘數井而皆不及泉，何若老守一井，力求及泉，而用之不竭乎？』此語正與予病相合，蓋予所謂掘井多而皆不及泉者也。

譯文

吴子序的爲人，我至今還不能爲他定位在哪一等上，但是他的見識遠大而且精到，曾經教我説：『用功好比挖井，與其多挖幾個井而都不見泉水，何不死守一井，力求見到泉水，從而用之不竭呢？』這句話所説的正與我的毛病相合，我就是他所説的挖井多而又都不見泉水者。

評點

這是道光二十二年九月，曾氏寫給諸弟家信中的一段話。世間的道理既多又不多，要知道它們也並不太難，難的是運用得當。離開具體事情來空談道理好談，但針對某件具體事情來選取合適的道理，則很不易。就拿掘井來説，便有老挖下去而不見水當及時轉移與死守一井不見水不罷休兩種，要説道理，都有它的道理，對於一口擺在眼前的井來説，選擇何種纔能達到目的，這便有智與不智的區別了。

原文　詩文命意要高

四弟之詩，又有長進，第命意不甚高超，聲調不甚響亮。命意之高，須要透過一層。如説考試，則須説科名是身外物，不足介懷，則詩意高矣。若説必以得科名爲榮，則意淺矣。舉此一端，餘可類推。腔調則以多讀詩爲主，熟則響矣。

譯文

四弟的詩又有長進，但立意不很高超，聲調不很響亮。立意的高，在於要透過一層。比如説考試，則必須説功名是身外之物，不足以在胸中介意，那麽詩意則高了。若説必須以得到功名爲榮耀，則立意就膚淺。舉這一點，其餘可類推。至於腔調，則以多讀詩爲主，熟練則自然響亮了。

評點

讀了曾氏爲其弟所舉的例子，筆者第一印象是，古今文人多矯情。如此看來，許多説功名是身外之物的詩文都不可信，因爲那是爲了命意高而説的假話。但實實在在地説，功名的確是身外之物，這種認識是産生在真正悟透生命的真諦之後，而不是鸚鵡學舌或言不由衷。

原文　不要蠻讀蠻記

紀澤兒讀書記性不好，悟性較佳，若令其句句讀熟，或責其不可再生，則愈讀愈蠢，將來仍不能讀完經書。請子植弟將澤兒未讀之經，每日點五六百字，教一遍，解一遍，令其讀十遍，不必能背誦，不必常温習，待其草草點完之後，將來看經解，亦可求熟。若蠻讀蠻記蠻温，斷不能久熟，徒耗日工而已。諸弟必以兄言爲不然，吾閲歷甚多，問之朋友皆以爲然。兒侄輩寫字亦要緊，須令其多臨帖。臨行草字，亦自有益，不必禁之。

譯文

紀澤讀書，記性方面不好，悟性方面較佳。若叫他每一句都讀熟，或者要求他不能將讀熟的句子再生疏，那麽他會越讀越蠢，將來依舊不能讀完經書。請子植弟將紀澤没有讀過的經書，每天點出五六百字，教授一遍，講解一遍，叫他讀十遍，不一定能背誦，不一定常温習，等到他草草點完之後，將來看經書的解釋，也可以求得熟習。若霸蠻讀霸蠻記霸蠻温習，決不能做到久熟，白白地耗費時間工夫而已。各位老弟一定不會贊成兄的所言，我閲歷很多，詢問身邊朋友，都認爲這樣行。兒侄輩寫字也要抓緊，必須叫他們多臨帖。臨寫行草字體，也自有益處，不必禁止。

評點

對兒子學業上的要求，曾氏的態度比較寬鬆。他叫弟弟不要强迫紀澤死記獃背，重要的在於啓發其悟性。對兒子的功名，曾氏的態度也較爲寬鬆。他不讓兒子拼命讀四書五經，通過科場求出身，而是請洋人在家教兩個兒子學英文。正是因爲這種開明的家庭教育，纔有日後的外交家曾紀澤和數學家曾紀鴻。

原文　四十歲後仍可有大長進

弟之文筆，亦不宜過自菲薄，近於自棄。余自壬子出京，至今十二年，自問於公牘、書函、軍事、吏事、應酬、書法，無事不長進。弟今年四十，較我壬子之時，尚少三歲，而謂此後便無長進，欺人乎？自棄乎？弟文有不穩之處，無不暢之處，不過用功一年二載，便可大進。昔温弟諫余曰：『兄精神並非不足，乃吝惜不用耳。』余今亦以此意諫弟也。

譯文

弟對於自己的文筆，也不宜過於看不起，以至於自暴自棄。我自咸豐二年離開京師，至今十二年，自己覺得對於公牘、信函、軍事、吏事、應酬、書法，没有哪件事上無長進。弟今年四十，比我咸豐二年時尚少三歲，就説今後無長進，這是欺騙別人呢？還是自暴自棄呢？弟的文筆有不穩妥之處，但無不暢通之處，不過用功一二年，即可有大長進。過去温甫弟規勸我説：『兄的精神並非不足，而是捨不得用。』我今天也以這個意思規勸弟。

評點

曾國荃四十歲時對自己的文筆長進缺乏信心，這一點不奇怪，而今許多人不到四十便對自己各方面的長進缺乏信心。曾氏説他四十三歲離開北京後，十二年來在很多方面都大有長進，這是實話。這一方面説明，人到四十歲時並未停止長進，但另一方面我們也要看到，曾氏這十二年中的大長進應是環境使然。這説明，人的長進離不開激勵。『艱難困苦，玉汝於成』，這八個字説的是真理。

原文　識度氣勢情韻趣味四大類

所謂四象者，識度即太陰之屬，氣勢即太陽之屬，情韻少陰之屬，趣味少陽之屬。其中所選之文，頗失之過於高古。弟若依此四門，而另選稍低者，平日所嗜者，抄讀之，必有進益。但趣味之門，除我所抄者外，難再多選耳。

譯文

所謂四象，指的是：識度即太陰之類，氣勢即太陽之類，情韻即少陰之類，趣味即少陽之類。其中所選的文章過於高古，這是它的缺失。弟若依照這四個門類，另外選擇稍稍低一點的，平日裏很喜歡的文章，親手抄寫誦讀，必定有所進益。但趣味這一門類，除開我所抄録的，恐怕再難多選了。

評點

曾氏自稱在三十多歲時便已窺得古文之奥微。他將古人文章分爲識度、氣勢、情韻、趣味四大門類，很可能就是他自認爲獨自看出來的奥微。曾氏將邵雍的四象説借用過來，分别以太陰、太陽、少陰、少陽來命名。他認爲屬於識度這一類的文章，在經書中有《周易》裏的十翼，在諸子百家中有《史記》裏的序讚，歐陽修的文章。屬於氣勢類的文章，經書中有《泰誓》《牧誓》，諸子百家中的揚雄、韓愈的文章。屬於情韻類的文章，經書中有《詩經》，諸子百家中的《楚辭》。屬於趣味類的文章，經書中有《左傳》，諸子百家中有《莊子》、韓愈文章。

原文　爲學四字：速熟恒思

曾以爲學四字勖兒輩：一曰看生書宜求速，不多閱則太陋；一曰温舊書宜求熟，不背誦則易忘；一曰習字宜有恒，不善寫則如身之無衣，山之無木；一曰作文宜苦思，不善作則如人之啞不能言，馬之跛不能行。四者缺一不可。蓋閲歷一生而深悔之者，今亦望家中諸侄力行之。養生與力學，二者兼營並進，則志强而身亦强，或是家中振興之象。

譯文

曾經以爲學四字勉勵兒輩：一叫做讀生書宜求快速，若不能多閱讀則顯得孤陋；一叫做温習舊書宜求熟練，若不能背誦則容易忘記；一叫做練習寫字宜有恒心，若不善於寫字則好比身上没有衣服，山上没有樹木；一叫做寫文章宜苦苦思考，若不善於做文章則好比啞巴人不能説話，跛脚馬不能走路。四個字缺一不可。這是我閲歷一生而自己深爲愧悔的，而今希望家中諸侄兒努力實行。養生與力學，兩者都經營，做到齊頭並進，則志氣强壯而身體也强壯，或許是家中振興的氣象。

評點

以筆者之體會，曾氏所説的速，指的是博覽，所説的熟，指的是精研。讀書既要博又要精。博是精的基礎，而精則可望有自家的獨學。

原文　少年不可怕醜

讀書之法，看、讀、寫、作四字，每日不可缺一。看者，如爾去年看《史記》、《漢書》、韓文、《近思録》，今年看《周易折中》之類是也；讀者，如《四書》《詩》《書》《易經》《左傳》諸經，《昭明文選》，李、杜、韓、蘇之詩，韓、歐、曾、王之文，非高聲朗誦則不能得其雄偉之概，非密詠恬吟則不能探其深遠之韻。譬之富家居積，看書則在外貿易，獲利三倍者也；讀書則在家慎守，不輕花費者也。譬之兵家戰爭，看書則攻城略地，開拓土宇者也；讀書則深溝堅壘，得地能守者也。看書與子夏之『日知所亡』相近，讀書與『無忘所能』相近。二者不可偏廢。至於寫字，真、行、篆、隸，爾頗好之，切不可間斷一日，既要求好，又要求快。余生平因作字遲鈍，喫虧不少，爾須力求敏捷，每日能作楷書一萬，則幾矣。至於作諸文，亦宜在二三十歲立定規模，過三十後能長進極難。作四書文，作試帖詩，作律賦，作古今體詩，作古文，作駢體文，數者不可不一一講求，一一試爲之。少年不可怕醜，須有『狂者進取』之趣，此時不試爲之，則後此將不肯爲矣。

譯文

讀書的方法，看、讀、寫、作四個字，每天不能欠缺一個字。看，比如你去年看的《史記》、《漢書》、韓愈文章、《近思録》，今年看的《周易折中》這一類即是。讀，比如《四書》《詩經》《尚書》《易經》《左傳》等經書，《昭明文選》，李白、杜甫、韓愈、蘇軾的詩，韓愈、歐陽修、曾鞏、王安石的文章，不高聲朗讀則不能領略到它的雄偉的氣概，不細咏輕吟則不能探測它的深遠的韻致。好比富有之家積累財産，看書則如同在外貿易，獲三倍的利益，讀書則如同在家謹慎把守，不輕易花費。好比軍隊打仗，看書則如同攻城略地，開拓疆土，讀書則好比深溝堅壘能守住所得到的土地。看書與子夏説的『每天知道自己所不知的』相近，讀書與『不忘記所已知的』相近。兩者不可偏廢。至於寫字，真、行、篆、隸各體，你都比較喜好，切不可間斷一天，既要求好，又要求快。我一生因寫字遲鈍，喫虧不少。你必須力求敏捷，每天能寫楷書一萬個，則差不多了。至於做各種文章，也宜在二三十歲時立定規模，過了三十歲後，長進就難了。做四書文章，做試帖詩，做律賦，做古體詩今體詩，做古文，做駢文，這幾種不能不一一都講求，一一都試着寫。少年時不應該怕醜，必須有『狂者進取』的姿態，這時候不試着去做，那麽以後則不願意去做了。

評點

曾氏所説的『少年不可怕醜，須有狂者進取之趣』，實在是人生經驗之談。人在年輕時，必須要有點不顧一切去拼搏的氣概。拼搏成功，則可以爲一生事業的基礎；拼搏失敗，或者從頭再來，或者另覓途徑再來，都還來得及。人到中年，各種各樣的原因都要求人不能失敗；既怕失敗，便有顧慮，也便失去力拼的勇氣，成功於是距人越來越遠了。

原文　閲歷增進對《孟子》的理解

《離婁》首章『上無道揆，下無法守』，我在往年讀之，亦無甚警惕。近歲在外辦事，乃知上之人必揆諸道，下之人必守乎法，若人人以道揆自許，從心而不從法，則下凌上矣。『愛人不親』章，往年讀之，不甚親切，近歲閲歷日久，乃知治人不治者，智不足也。

譯文

《孟子》中的《離婁》篇首章『處上位者不按道決策，處下位者則没有法規可依循』，這兩句話，我在過去讀它時，也没有引起多大的注意。近年來在外面辦事，於是知道處上位者必須依據道來決定政策，處下位者纔好依法做事，假若人人都以爲自己是在按道行政，聽從自己的一心而不依循法令，那麽處下位者則凌駕於處上位者了。『愛人不親』這一章，過去讀它，不覺得很親切，近年閲歷時間久，於是知道治人者若達不到治理效果的話，那是自己的智慧不足。

評點

常言説好書可常讀常新。之所以能常新，是因爲每一次讀書時都會加進讀者自己的生命閲歷，從而對書增加一層新的理解。曾氏從過去的『無甚警惕』、『不甚親切』到現在的警惕、親切，其原因乃『閲歷日久』。

原文　文人不可無手抄小册

阮文達公爲學政時，搜出生童夾帶，必自加細閲，如係親手所抄，略有條理者，即予進學；如係請人所抄，概録陳文者，照例罪斥。阮公一代宏儒，則知文人不可無手抄夾帶小本矣。昌黎之『記事提要』、『纂言鈎玄』，亦係分類手抄小册也。

譯文

阮元做學政時，搜出考生私自帶進考場的簿册，必定親自細細審閲。如果是考生親手所抄而略有條理的，即准予進學；如果是請别人所抄，全部録的是陳舊文章的，照規矩予以責罰。阮元一代大儒，他知道文人不可能没有親手所抄的小簿册。韓愈的『記事提要』、『纂言鈎玄』，也就是分類手抄的小册子。

評點

曾氏所説的手抄夾帶小册，就是我們今天常説的讀書筆記本。但這類筆記本，也衹是平時使用，若帶進考場是不允許的。阮元能容忍此事，足見其人的寬厚。

原文　不必求記却宜求個明白

讀書記性平常，此不足慮。所慮者，第一怕無恒，第二怕隨筆點過一遍，並未看得明白。此却是大病。若實看明白了，久之必得些滋味，寸心若有怡悦之境，則自然記得矣。不必求記，却宜求個明白。

譯文

讀書記性平常，這不足以憂慮。所要憂慮的，第一怕無恒心，第二怕隨便用筆點一遍，並没有看明白。這可是大毛病。若實實在在看明白了，久而久之必然會有些味道，心裏好像有一種怡悦境界，那麽自然就記住了。不必求記住字句，却要明白其中意味。

評點

讀書有死記默背與明其意義兩種。曾氏要兒子『求個明白』，顯然所取爲後者。有些人長於記憶，甚至過目不忘，這當然很好，對於大多數人來説，能明白所讀之書的意義，也就達到讀書的目的了。

原文　珠圓玉潤

無論古今何等文人，其下筆造句，總以珠圓玉潤四字爲主。無論古今何等書家，其落筆結體，亦以珠圓玉潤四字爲主。世人論文家之語圓而藻麗者，莫如徐陵、庾信，而不知江淹、鮑照則更圓，進之沈約、任昉則亦圓，進之潘岳、陸機則亦圓，又進而溯之東漢之班固、張衡、崔駰、蔡邕則亦圓，又進而溯之西漢之賈誼、鼂錯、匡衡、劉向則亦圓，至於馬遷、相如、子雲三人，可謂力趨險奧，不求圓適矣，而細讀之，亦未始不圓。至於昌黎，其志意直欲凌駕子長、卿、雲三人，戛戛獨造，力避圓熟矣，而久讀之，實無一字不圓，無一句不圓。於古人之文，若能從江、鮑、徐、庾四人之圓，步步上溯，直窺卿、雲、馬、韓四人之圓，則無不可讀之古文矣，即無不可通之經史矣。

譯文

無論古今什麽樣的文人，他下筆爲文，總是以珠圓玉潤四個字爲主。無論古今什麽樣的書法家，他的筆畫結構，也以珠圓玉潤四個字爲主。世人評論作家的文句圓潤辭藻華麗，常説莫過於徐陵、庾信，而不知道江淹、鮑照更圓潤，向上推進沈約、任昉也圓潤，向上推進潘岳、陸機也圓潤，又向上推進而追溯到東漢的班固、張衡、崔駰、蔡邕也圓潤，又向上推進而追溯到西漢的賈誼、鼂錯、匡衡、劉向也圓潤，至於司馬遷、司馬相如、揚雄三人，可以説得上竭力趨於險奧，不求圓潤了，而細細讀他們的文章，也不是不圓。至於韓愈，他的志向是簡直想凌駕在司馬遷、司馬相如、揚雄三人之上，戛戛獨造，努力避免圓熟了，但經常閲讀後，會知道實在是無一字不圓，無一句不圓。對於古人的文章，若是能從江、鮑、徐、庚四人的圓潤一步步上溯，一直窺探到司馬相如、揚雄、司馬遷、韓愈四人的圓潤，則没有不可誦讀的古文了，也就没有不可通曉的經書與史書了。

評點

曾氏認爲珠圓玉潤乃爲文所要達到的最高境界，並於以險奥爲藝術追求的司馬相如、揚雄、韓愈四人的文章中，也看出珠圓玉潤的實質。這應是曾氏作爲一代文章宗師的慧眼獨到。

原文　文章的雄奇之道

文中雄奇之道：雄奇以行氣爲上，造句次之，選字又次之。然未有字不古雅而句能古雅，句不古雅而氣能古雅者；亦未有字不雄奇而句能雄奇，句不雄奇而氣能雄奇者。是文章之雄奇，其精處在行氣，其粗處全在造句選字也。余好古人雄奇之文，以昌黎爲第一，揚子雲次之。二公之行氣，本之天授，至於人事之精能，昌黎則造句之工夫居多，子雲則選字之工夫居多。

譯文

文章中雄奇風格的獲得：雄奇以氣勢運行爲上，造句次之，選字又次之。但是没有字不古雅而能做到句子古雅的，没有句子不古雅而能做到氣勢古雅的；也没有字不雄奇而能做到句子雄奇，句子不雄奇而氣勢能雄奇的。所以文章的雄奇，其精深處在於行氣，其粗淺處則全在於造句選字。我喜好古人氣勢雄奇的文章，以韓愈爲第一，揚雄次之。二位文章的行氣，其根本在於天授，至於人事上的精

能，韓愈在造句方面居多，揚雄則在選字上的工夫居多。

評點

對於文章，曾氏偏好雄奇的風格，故他一生喜歡讀莊子、司馬遷、揚雄、韓愈等人的文章，所喜的是他們爲文的雄奇瑰麗。他指導家人作文章，也總是喜歡將他們往雄奇一路上引。如對其六弟說：『弟之天姿不凡，此時作文，當求議論縱横，才氣奔放，作爲如火如荼之文，將來庶有成就。』對其兒子說：『少年文字，總貴氣象崢嶸，東坡所謂蓬蓬勃勃爲釜上氣。』他自己作文，更是力求雄奇。錢基博評曾氏：『其持論以光氣爲主，以音響爲輔，探源揚、馬，專宗退之，奇偶錯綜，而偶多於奇，複字單詞，雜厠其間，厚集其氣，使聲彩炳煥而戛焉有聲。』（《現代中國文學史》）在回答兒子如何纔能做到文章雄奇之問時，曾氏明確指出，雄奇以行氣爲主，造句次之，選字又次之，但行氣又從句中來；它們之間的關係是表裏之間的關係，是精粗之間的關係。

原文　本義與餘義

古人解經，有内傳，有外傳。内傳者本義也，外傳者旁推曲衍，以盡其餘義也。孔子繫《易》，『小象』則本義爲多，『大象』則餘義爲多。孟子説《詩》，亦本子貢之因貧富而悟切磋，子夏之因素絢而悟禮後，亦證餘義處爲多。《韓詩外傳》盡餘義也，《左傳》説經，亦以餘義立言者多。

譯文

古人對經書的解釋，有內傳，也有外傳。內傳解釋經書的本義，外傳則是對本義的推衍延伸，以求完全發揮經書的餘義。孔子將《象傳》繫於《易經》，其中『小象』則講本義爲多，『大象』則講餘義爲多。孟子説《詩經》，也是本着子貢的因貧與富的話題而領悟切磋之義，子夏因素與絢的話題而領悟禮産生於仁之後，論證餘義處爲多。《韓詩外傳》説的都是餘義，《左傳》説經，也多以餘義來立言。

評點

讀書重在能舉一反三，觸類旁通。古人對經書的研究以內、外分傳，在這方面爲我們做了示範。一部經典通過無數人的推衍發揮，最後成爲一門學問。這門學問，應該説是衆人智慧的匯合。

原文　讀書可變化氣質

爾近來寫字總失之薄弱，骨力不堅勁，墨氣不豐腴，與爾身體向來輕字之弊正是一路毛病。爾當用油紙摩顏字之《郭家廟》、柳字之《琅琊碑》《玄秘塔》，用來藥其病，日日留心，專從厚、重二字上用功，否則字質太薄，即體質亦因之更輕矣。人之氣質由於天生，本難改變，惟讀書則可變化氣質。

譯文

你近來寫字，總是失在薄弱這一點上，骨力不堅勁，墨氣不豐滿，與你的身體向來有輕這個字的弊端屬於同一路毛病。你應當用油紙描摹顏真卿的《郭家廟》、柳公權的《琅琊碑》《玄秘塔》，用來醫治此病，每天都留心，專門從厚與重兩個字上用功，否則字的質地太薄，同時人的體質也因此而更加輕了。人的氣質由於天生，本難以改變，惟有讀書可以改變氣質。

評點

曾氏總是批評紀澤舉止過於輕飄，這次又説他的字也顯得薄弱，又聯繫到他的體質。曾紀澤祇活了五十一歲，從所存的照片來看身體也像是單薄。看來，曾紀澤的舉止輕，字不堅勁，很可能都源於他體質上的弱。

原文　文章與小學

余觀漢人詞章，未有不精於小學、訓詁者，如相如、子雲、孟堅，於小學皆專著一書，《文選》於此三人之文著録最多。余於古文，志在傚法此三人，並司馬遷、韓愈五家，以此五家之文，精於小學、訓詁，不妄下一字也。爾於小學，既粗有所見，正好從詞章上用功。《説文》看畢之後，可將《文選》細讀一過，一面細讀，一面抄記，一面作文以倣傚之。凡奇僻之字，雅故之訓，不手抄則不能記，不摹倣則不慣用。自宋以後，能文章者不通小學，國朝諸儒通小學者又不能文章。余早歲窺此門徑，因人事太繁，又久歷戎行，不克卒業，至今用爲疚憾。

譯文

我看漢人所寫的詞章，没有不精通小學、訓詁的，比如司馬相如、揚雄、班固，在小學上都有一部專著，《文選》關於這三人的文章所選最多。我對於古文，有志傚法這三人，再加上司馬遷、韓愈共五家，因爲這五家的文章都精通小學、訓詁，不隨便寫一個字。你對於小學既然粗略有所見解，正好從詞章上用功。《説文》讀完後，可以將《文選》細細讀一遍，一面抄録，一面自己作文來傚傚。凡是奇怪生僻字，古雅詞義的解釋，不親手抄録則不能記住，不模傚寫作則不能習慣運用。自宋代以後，能做文章的不通曉小學，本朝的學問家通曉小學但又不能做文章。我早年便看出了此中的門路，但因人事太繁雜，又久在軍營，没有將這個事業辦成，至今引爲内疚遺憾。

評點

曾氏説自宋以後中國文人便將文章與文字學分開了，能文章者不通文字學，通文字學者又不能爲文章。此現象於今更普遍。它的産生，有其合理的成分，這是因爲文章與文字學畢竟分屬兩類不同的學科。但現在許多文理不通、文句不順的文章詩詞竟然十分流行，使人頗爲困惑不解。

原文　傚王陶則可傚嵇阮則不可

五言詩，若能學到陶潛、謝朓一種沖淡之味、和諧之音，亦天下之至樂、人間之奇福也。爾既無志於科名禄位，但能多讀古書，時時哦詩作字，以陶寫性情，則一生受用不盡。第宜束身圭璧，法王羲之、陶淵明之襟韻瀟灑則可，法嵇、阮之放蕩名教，則不可耳。

譯文

五言詩，若是能够將陶潛、謝朓的那種沖淡之味、和諧之音學到，也是天下的至樂、人間的奇福。你既然無志於科名禄位，能够多讀些古書，常常誦詩寫字，用來陶冶性情，則一生受用不盡。但要有原則檢束自己，傚法王羲之、陶淵明的襟懷瀟灑則可以，若傚法嵇康、阮籍那樣在名教面前放蕩形骸則不可以。

評點

置身於功名之外者，有潔身自愛的，也有放蕩不羈的，故而曾氏叮囑兒子，要學前者如王、陶等人，而不要學後者如嵇、阮之輩。

原文　跌宕倔强爲行氣不易之法

余近年頗識古人文章門徑，而在軍鮮暇，未嘗偶作，一吐胸中之奇。爾若能解《漢書》之訓詁，參以《莊子》之詼詭，則余願償矣。至行氣爲文章第一義，卿、雲之跌宕，昌黎之倔强，尤爲行氣不易之法，爾宜先於韓公倔强處揣摩一番。

譯文

我近年較能辨識古人文章的門路，祇是在軍營中少有閒暇，沒有機會偶爾寫作，一吐胸中奇氣。你若是能够理解《漢書》的訓詁，又能參透《莊子》的詼諧詭譎，那麽我的願望也就實現了。至於行氣爲文章的第一要點，司馬相如、揚雄的跌宕，韓愈的倔强，尤其可作爲行氣的不改法則，你應該先對韓愈文章的倔强處細心揣摩一番。

評點

曾氏十分重視文章的行氣，將它視爲第一義。在這段話裏，曾氏就如何行氣指出兩條不易之法：一爲跌宕，一爲倔强。人們看重曾氏的書信，其中一點是曾氏不僅在原則上爲子弟指出方向，而且還爲子弟朝着這個方向前行鋪路搭橋。此處所説的跌宕與倔强可視爲通向行氣的兩座橋樑。

原文　名篇當吟玩不已

凡詩文欲求雄奇矯變，總須用意有超群離俗之想，乃能脱出恒蹊。爾前信讀《馬汧督誄》，謂其沉鬱似《史記》，極是極是。余往年亦篤好斯篇。爾若於斯篇及《蕪城賦》《哀江南賦》《九辯》《祭張署文》等篇吟玩不已，則聲情自茂、文思汩汩矣。

譯文

凡詩文若想求得雄奇矯勁多變，總得在立意上有超群離俗的想法，纔能脱離常見的套路。你前次信裏説讀《馬汧督誄》，它的沉鬱像《史記》，説得很對很對。我往年也特别喜好這篇誄文。你若將這篇以及《蕪城賦》《哀江南賦》《九辯》《祭張署文》等篇仔細把玩吟誦不已，則爲文時自然能够聲情並茂、思路順暢了。

評點

文章和詩詞一樣，不但要多看，還要多吟誦，在吟誦中感受它的聲調。吟玩累積到一定的工夫，則握筆爲文，亦將聲情並茂而不自覺。

原文　少年文字總貴氣象峥嶸

問有一專長，是否須兼三者乃爲合作。此則斷斷不能。韓無陰柔之美，歐無陽剛之美，况於他人而能兼之？凡言兼衆長者，皆其一無所長者也。鴻兒言此表範圍曲成，横竪相合，足見善於領會。至於純熟文字極力揣摩，固屬切實工夫，然少年文字，總貴氣象峥嶸。東坡所謂蓬蓬勃勃，如釜上氣。古文如賈誼《治安策》、賈山《至言》、太史公《報任安書》、韓退之《原道》、柳子厚《封建論》、蘇東坡《上神宗書》，時文如黄陶庵、吕晚村、袁簡齋、曹寅谷，墨卷如《墨選觀止》《鄉墨選鋭》中所選兩排三疊之文，皆有最盛之氣勢。爾當兼在氣上用功，無徒在揣摩上用功，大約偶句多，單句少，段落多，分股少，莫拘場屋之格式，短或三五百字，長或八九百字、千餘字皆無不可，雖係《四書》題，或用後世之史事，或論目今之時務，亦無不可。總須將氣勢展得開，筆仗使得强，乃不至於束縛拘滯，愈緊愈戥。

譯文

問有一項專長，是否必須兼備其他三項一起合作。這是斷然不可能的。韓愈没有陰柔美，歐陽修没有陽剛美，何况對於其他人來説能兼備嗎？凡是説兼備衆長的，都是因爲他没有一項專長。紀鴻兒説這個表倣法陰陽而隨機應變，横直都能相合，足見善於領會。至於將文字煉得純熟，竭力去揣摩文章深意，固然屬於切切實實的工夫，但少年人寫作文章，總還是以氣象峥嵘爲可貴，好比蘇東坡所説的那種蓬蓬勃勃，如同鍋上的熱氣似的。古人文章中如賈誼的《治安策》、賈山的《至言》、司馬遷的《報任安書》、韓愈的《原道》、柳宗元的《封建論》、蘇東坡的《上神宗書》，現時的文章中如黄陶庵、吕晚村、袁簡齋、曹寅谷，科場中的文章如《墨選觀止》《鄉墨選鋭》中所選的兩排三叠之文，都有最旺盛的氣勢。你應當兼顧在氣勢上用功，不要衹在揣摩上用功夫。大約排偶句多，單個句少，段落多，分股少，不要拘泥於科場考試的格式，短或三五百字，長或八九百字、千多字都無不可，即便是從《四書》上取題，或者用後世的史事，或論當今的時務，也無不可。總之須將氣勢展得開，筆力用得强，纔不至於拘束板滯，弄得越緊越戥。

評點

因爲曾氏提出氣勢、識度、情韻、趣味四象之説，又以太陽、少陽、太陰、少陰配之，並列表予以説明，兩個兒子便就此向父親提問談體會。大兒紀澤問，有一象之長，是否還須其他三象配合，纔能寫出好文章。小兒紀鴻則説列表説明四象，當領會其中相通之内蘊，不要戥板割裂。曾氏表揚小兒善於從整體和本質上看事物的智慧，又針對大兒的問題給予明確回答。一句『少年文字總貴氣象峥嶸』，當視爲此段文字中的精警之句。

原文　氣勢最難能可貴

四象表中，惟氣勢之屬太陽者，最難能而可貴。古來文人，雖偏於彼三者，而無不在氣勢上痛下工夫。

譯文

四象表中，惟屬於太陽類的氣勢最爲難能可貴，自古以來文人，即便偏於另外三者的，也無不在氣勢上痛下功夫。

評點

對於氣勢這一點，曾氏反覆强調，這固然有他自己偏愛的成分在内，但也的確是好文章的一個極重要因素。

原文　養得生機盎然

近年在軍中閲書，稍覺有恒，然已晚矣。故望爾等於少壯時即從有恒二字，痛下工夫，然須有情韻趣味，養得生機盎然，乃可歷久不衰。若拘苦疲困，則不能真有恒也。

譯文

近年在軍營中讀書，稍微覺得有恒心，但已經晚了，故而希望你們在少壯時就要從有恒兩個字上痛下工夫，但也必須要有情韻趣味，培養出生機盎然的心態，纔可歷久不衰。若是拘束苦惱，身心疲困，則不可能真正做到有恒。

評點

曾氏雖極爲重視讀書作文，但他更重視讀書作文時的愉悦心情。他不提倡苦讀，他認爲讀書是件快樂的事，故而他説趣味，説生機盎然，把讀書比作春雨之潤花、清渠之溉稻，比作魚在水中之游泳。曾氏是個理學家，人們以爲凡理學家就一概古板少情趣，其實這是一個錯誤的認識。理學家的鼻祖程朱，都要學生們像魚躍於淵似的活潑潑地生活着。曾氏常教二子遊山玩水蒔花種竹，可見理學家也並不成天正襟危坐論道講學。

原文　打得通的便是好漢

余於凡事皆用困知勉行功夫，爾不可求名太驟，求效太捷也。以後每日習柳字百個，單日以生紙臨之，雙日以油紙摹之。臨帖宜徐，摹帖宜疾，專學其開張處。數月之後，手愈拙，字愈醜，意興愈低，所謂困也。困時切莫間斷，熬過此關，便可少進。再進再困，再熬再奮，自有亨通精進之日。不特習字，凡事皆有極困難之時，打得通的，便是好漢。

譯文

我對於每件事都用困知勉行的功夫，你不可求名太急驟，求效太快捷。以後每天練習柳體字一百個，逢單日以生紙臨帖（對照着字帖書寫），逢雙日以油紙摹帖（蒙在字帖上描摹）。臨帖宜慢，摹帖宜快，專學它的開張處。幾個月以後，手愈笨拙，字愈醜陋，興趣愈低落，這就是所説的困。困時切不要間斷，熬過這一關，便可以少許進步。再進一步便會遇到再困，再困時再熬，於是便可再奮進，自然有亨通精進的一天。不祇是練習字，凡事都有極困難的時候，打得通的，便是好漢。

評點

曾氏這段話好極了！好在他以自身的習字經歷真實地寫出困知勉行的體會，最後得出『打得通的便是好漢』的結論，通俗而形象地道出人生奮鬥的真諦。

原文　思路宏開

作文以思路宏開爲必發之品。意義層出不窮，宏開之謂也。

譯文

做文章，以思路寬闊開張者爲必定發達的作品。意義能層出不窮，這就是寬闊開張的意思。

評點

此話説到爲文的極緊要之點，可謂這位湘鄉文派祖師爺的驪珠，讀者諸君宜仔細咀嚼。

原文　判定大家的標準

凡大家名家之作，必有一種面貌，一種神態，與他人迥不相同。譬之書家，羲、獻、歐、虞、褚、李、顏、柳一點一畫，其面貌既截然不同，其神氣亦全無似處。本朝張得天、何義門雖稱書家，而未能盡變古人之貌，故必如劉石庵之貌異神異，乃可推爲大家。詩文亦然，若非其貌其神迥絶群倫，不足以當大家之目。渠既迥絶群倫矣，而後人讀之，不能辨識其貌，領取其神，是讀者之見解未到，非作者之咎也。讀古文、古詩，惟當先認其貌，後觀其神，久之自能分别蹊徑。今人動指某人學某家，大抵多道聽途説、扣槃捫燭之類，不足信也。君子貴於自知，不必隨衆口附和也。

譯文

凡大家名家的作品，必定有一種面貌一種神態，與别人完全不相同。比如書法家，王羲之、王獻之、歐陽詢、虞世南、褚遂良、李邕、顏真卿、柳公權等人的一點一畫，面貌固然彼此截然不同，神氣也全無相似之處。本朝張得天、何義門雖然號稱書法家，但未能完全改變古人的面貌，所以必須像劉墉那樣面貌不同神氣不同，纔可以推爲大家。詩文也是這樣。若不是面貌神氣遠遠超過一般人，不足以稱之爲大家。他已經是遠遠超越一般人了，但後人讀他的字，不能辨識他的面貌，領會他的精神，這是讀的人見解未達到，並不是作字者的過錯。閲讀古文古詩，惟有先認識它的面貌，後看出它的精神，久而久之自然能分别出門路。今人動輒指某人學某家，大多屬於道聽途説、扣槃捫燭之類，不值得相信。君子可貴之處在於自知，不必要附和衆人之説。

評點

曾氏提出判定詩文書法大家的標準，即面貌神態均要迥絶群倫。這是深得藝術鑒賞三昧之言。曾氏能有這樣的認識，固然得益於他的見識，也得益於他的親身經歷，無論於詩文還是於書法，他都用功甚勤。

原文　雖南面王不以易其樂

凡詩文趣味，約有二種，一曰詼諧之趣，一曰閒適之趣。詼諧之趣，惟莊、柳之文，蘇、黄之詩，韓公詩文，皆極詼諧，此外實不多見。閒適之趣，文惟柳子厚遊記近之，詩則韋、孟、白傅，均極閒適。而余所好者，尤在陶之五古、杜之五律、陸之七絕，以爲人生具此高淡襟懷，雖南面王不以易其樂也；但不可走入孤僻一路耳。

譯文

凡詩文的趣味，大約有兩方面，一叫做詼諧之趣，一叫做閒適之趣。詼諧之趣，惟有莊子、柳宗元的文章，蘇軾、黄庭堅的詩，韓愈的詩文，都極爲詼諧，此外實在不多見。閒適之趣，文章則祇有柳宗元的遊記相近，詩則韋莊、孟浩然、白居易，都極爲閒適。而我所喜好的，尤其是陶潛的五古、杜甫的五律、陸游的七絕，認爲人生具備這樣高遠淡泊的胸襟，其快樂即便是拿南面稱王來交換也不給；當然，也不要走入孤僻一路上去。

評點

曾氏常説胸襟二字。他説人生辦事，第一仗的是胸襟。此處又説若能有高淡的胸襟，其樂要超過南面爲王。曾氏對人之胸襟的這種認識，值得重視。

原文　以困勉之功志大人之學

學問之事，以日知月無亡爲喫緊語；文章之事，以讀書多積理富爲要。讀書立志，須以困勉之功志大人之學。

譯文

學問方面，以每天獲得新知每月不忘記已得到的知識爲要緊的話；文章方面，以讀書多積纍的道理豐富爲要點。讀書立志，必須要有困知勉行的功夫來記住大人先生的學問。

評點

從這段起的以下幾段，都抄自曾氏日記。這段話改用淺白的語言表述，即求學在於獲取新知不忘舊知，寫文章在於要有自己的思想，讀書則要知難而進。日知月無忘，是『日知其所亡』、『月無忘所能』的縮寫。這兩句話均出自《論語》。道光二十二年底，曾氏在給諸弟的信中，附了一張自己在京師的每日課程表，其中便有這兩項。

原文　唐鑒所教種種

至鏡海先生處，問檢身之要，讀書之法。先生言當以《朱子全書》爲宗。時余新買此書，問及。因道此書最宜熟讀，即以爲課程，身體力行，不宜視爲瀏覽之書。又言治經宜專一經，一經果能通，則諸經可旁及。若遽求兼精，則萬不能通一經。先生自言生平最喜讀《易》。又言爲學祇有三門，曰義理，曰考覈，曰文章。考覈之事，多求粗而遺精，管窺而蠡測；文章之事，非精於義理者不能至；至經濟之學，即在義理內。又問經濟宜何如審端致力。答曰經濟不外看史，古人已然之迹，法戒昭然，歷代典章，不外乎此。又言近時河南倭艮峰仁前輩，用功最篤，每日自朝至寢，一言一動，坐作飲食，皆有札記，或心有私慾不克，外有不及檢者皆記出。先生嘗教之曰，不是將此心別借他心來把捉纔提醒，便是閉邪存誠。又言檢攝於外，衹有整齊嚴肅四字；持守於內，衹有主一無適四字。又言詩文詞曲，皆可不必用功，誠能用力於義理之學，彼小技亦非所難。又言第一要戒欺，萬不可掩着云云。聽之，昭然若發蒙也。

譯文

到唐鏡海先生處，向他請教督察自身的要點及讀書的方法。先生説應當以《朱子全書》作爲指導。此時我剛新買進這套書，於是問到這本書的讀法。先生因而説，此書最適宜熟讀，也就是説以它作爲課本，并且要切實照它所説的去做，不應看作泛覽的書籍。又説，鑽研經書，適宜專攻一經，一經果然通曉，則其他經書可以旁及。若想很快都精，則絶不能通曉一經。先生説自己平生最喜歡讀《易經》。又説學問衹有三門，叫做義理，叫做考覈，叫做文章。考覈這門學問，多追求粗淺而丢掉精奥，如同從管中窺物以蠡測海。文章這門學問，不精於義理則不能做好。至於經濟之學，則在義理這門學問之中。又請教經濟之學如何找出頭緒而用功。先生回答，求經濟之學不外乎讀史，古人已歷經過的事，像法規戒律似的明明白白地擺在那裏，歷代的典章，没有不在那裏記載着。又説近時倭仁（字艮峰）前輩，用功最踏實，每天自早起到睡覺，一句話，一個動作，坐着站起喝水喫飯都有札記，或是心中有私慾不能克服，對外有不檢點之處，都記下來。先生曾教他説，不是從他處借别人的心來把握提醒自己的心，這纔算作關閉邪念保存誠意。又説對外的檢束，衹有整齊嚴肅這四個字；内心的持守，衹有主一無適四個字。又説詩文詞曲，都可不必要用功，果真能用功於義理之學，那些小技巧也就不難獲得。又説第一要戒除欺蒙，萬萬不可掩着藏着等等。聽了這些教導，心中的明白有如得到啓蒙似的。

評點

道光二十一年初秋，進京一年多年届三十的曾氏，在朋友們的引導下，拜太常寺卿唐鑒爲師。唐鑒字鏡海，湖南善化人，以研究程朱理學聞名海内。在唐鑒的指點下，曾氏開始以《朱子全書》作爲人身修煉的功課，檢束身心，規範言行。這段話出自道光二十一年七月十四日的日記。記載的是唐鑒對他的指點。從這段話中可以看出，唐鑒啓發曾氏有如下幾點：按《朱子全書》所教身體力行，專攻一經，致力於義理之學，以日記來自我監督，持身嚴謹端凝、誠實不欺等等。翰林院的七八年中，曾氏大體上遵循唐鑒所教，努力以聖賢爲榜樣陶鑄自我。這一段歲月，對曾氏一生的事業影響甚大。

原文　古人説經多斷章取義以意逆志

《易經》有聖人之道四，而朱子專重『以卜筮者尚其占』一句，似未的當。因言古人説經，多斷章取義，以意逆志，不必定符本義。

譯文

《易經》中的聖人之道有四個方面，而朱熹專門注重『以卜筮者看重它的占卜』這一句，似乎不很準確。由此可知古人説經書，多爲斷章取義，以自己的想法來理解書中的含義，不一定都能符合本義。

評點

《繫辭》說：『《易》有聖人之道四焉：以言者尚其辭，以動者尚其變，以製器者尚其象，以卜筮者尚其占。』這裏説的四個方面是辭、變、象、占，分别爲言者、動者、製器者、卜筮者所重視。朱熹衹注重卜筮者所重視的占卜，顯然不够全面。曾氏由此而看出古人讀經典時所犯的『斷章取義，以意逆志』的普遍毛病。曾氏的提醒有助於我們閲讀古籍。

原文　樂律與兵事文章相表裏

樂律之不可不通，以其與兵事、文章相表裏。

譯文

樂律不可不通曉，這是因爲它與軍事、文章互相表裏。

評點

儒學很重視樂。孔子教學生的課程中樂佔很重要的地位，因而能出現『洙泗之畔，弦歌不絶』的景象。《樂經》爲《六經》之一。孔子説：『《樂》以發和。』意爲樂起着調和的作用。曾氏正是從這個角度出發，認爲樂可與軍事、文章互爲表裏。

原文　自成一家與剽襲

諸子中惟老、莊子、荀子、孫子自成一家之言，餘皆不免於剽襲。

譯文

諸子裏面，惟有老子、莊子、荀子、孫子能自成一家之言，其餘的都免不了剽竊抄襲。

評點

近世湘中名士李肖聃先生很推崇曾氏的文章，但也指出曾氏爲文的一個毛病，説『公作文，喜爲斷語而常過其實』（見《星廬筆記》）。此處所抄録的這句話，便是曾氏的一個『斷語』，但恰恰又印證了李之説：過其實。老、莊、荀、孫，固然自成一家，墨子、韓非子等難道就不能算自成一家嗎？李肖聃分析曾氏常犯的這個毛病，其原因是『皆由才大而心未能盡細也』。此話有道理。

原文　論古文之道

古文之道，謀篇佈勢是一段最大工夫。《書經》《左傳》，每一篇空處較多，實處較少，旁面較多，正面較少，精神注於眉宇目光，不可周身皆眉，到處皆目也。綫索要如蛛絲馬迹，絲不可過粗，迹不可太密也。

古人文筆，有雲屬波委、官止神行之象，實從熟後生出，所謂『文人妙來無過熟』者此也。

古文之道，佈局須有千巖萬壑、重巒複嶂之觀，不可一覽而盡，又不可雜亂無紀。

古文之道，亦須有奇横之趣、自然之至，二者並進，乃爲成體之文。

古文之法，全在氣字上用功夫。

爲文全在氣盛，欲氣盛全在段落清。每段分束之際，似斷不斷，似咽非咽，似吞非吞，似吐非吐。古人無限妙境，難於領取。每段張起之際，似承非承，似提非提，是突非突，似紓非紓，古人無限妙用，亦難領取。

奇辭大句，須得瓌瑋飛騰之氣驅之以行。凡堆重處，皆化爲空虛，乃能爲大篇，所謂『氣力有餘於文之外』也，否則氣不能舉其體矣。

譯文

古文的法則，謀篇佈勢是一個最重要的工夫。《書經》《左傳》，這兩部書中的每一篇文章從空處説較多，從實處説較少，從側面説較多，從正面説較少，精神貫注在眉宇以及目光中，但不可以全身都是眉毛，到處都是眼睛。綫索應當像蛛絲馬迹一樣，但絲不可以太粗，迹不可以太密。

古人的文筆，有一種雲屬波委、官止神行的現象，實實在在説，這是熟練後所産生的，所謂『文人的奇妙無非是很熟練』，就是指的這個。

古文的法則，它的佈局必須有千巖萬壑、重巒複嶂的景觀，不可以一覽而盡，也不可以雜亂無序。

古文的法則，也必須有奇特横空的趣味、自然而然的走勢，二者並進，纔成爲像樣子的文章。

古文的法則，全在一個氣字上用功夫。

寫文章完全在於氣盛，想要氣勢旺盛充足，則在於段落清楚。每一段結束的時候，像是斷裂又不是斷裂，像是咽塞又不是咽塞，像是吞納又不是吞納，像是吐出又不是吐出。古人無窮無盡的絶妙境地，難以領悟獲得。每一段開啓之時，像是承接又不是承接，像是提起又不是提起，像是急突又不是急突，像是紆徐又不是紆徐。古人無窮無盡的手法，也難以領悟獲取。

奇特的辭語宏大的句子，必須依靠瓌瑋飛騰的氣勢來驅逐它運行。凡是打堆重疊之處，都化爲空的虛的，纔能成爲大文章，所謂『氣和力用之在文字之外』，否則氣勢不能托起辭句。

評點

此處所抄録的這幾段爲文體會，散見於曾氏不同時期的日記裏，可以稱之爲偶得，或者可依詩話、詞話之例，稱之爲文話。早在三十多歲時，曾氏便自認爲已得古人爲文的蹊徑。對於其他方面的事情，曾氏少有自許，惟獨在古文上，曾氏自信心頗强，並很想將它總結出來，以便他一旦撒手時，滿肚子的古文經將不會成爲廣陵散。然而，他始終没有騰出一份時間和心境來做這件事，因此我們看不到一篇系統的曾氏古文寫作論，留下來的也祇是類似這般的三言兩語式的爲文偶得。

分析這幾則日記，我們可知，曾氏獨自探得的古文蹊徑，約有這樣幾條：一，文章要有空有實，有正有旁，而且是空多於實，旁多於正。二，要多寫，熟纔能生巧。三，文章要有起伏跌宕，不能太平直。四，內容要有奇趣，而行文則須自然。五，文章在於氣，氣盛則文章好，氣主要體現每段的收束與張起之間。有志爲文者，可細細咀嚼體悟。

原文　陽剛陰柔與噴薄吞吐

吾嘗取姚姬傳先生之説，文章之道，分陽剛之美、陰柔之美，大抵陽剛者氣勢浩翰，陰柔者韻味深美。浩瀚者噴薄而出之，深美者吞吐而出之。就吾所分十一類言之，論著類、詞賦類宜噴薄，序跋類宜吞吐，奏議類、哀祭類宜噴薄，詔令類、書牘類宜吞吐，傳志類、叙記類宜噴薄，典志類、雜記類宜吞吐。其一類中微有區别者，如哀祭類雖宜噴薄，而祭郊社、祖宗則宜吞吐，詔令類雖宜吞吐，而檄文則宜噴薄，書牘類雖宜吞吐，而論事則宜噴薄。此外各類，皆可以是意推之。

譯文

我曾經采取姚鼐先生的説法，將文章分爲兩大類，一類具有陽剛之美，一類具有陰柔之美。大致説來，陽剛類的文章氣勢浩大寬廣，陰柔類的文章韻味深沉美好。浩大寬廣的文章以噴薄形式寫出，深沉美好的文章以吞吐的形式寫出。拿我所分的十一類來説，論著類、詞賦類宜於噴薄，序跋類宜於吞吐，奏議類、哀祭類宜於噴薄，詔令類、書牘類宜於吞吐，傳志類、叙記類宜於噴薄，典志類、雜記類宜於吞吐。其中某一類裏也略有區别的，如哀祭類雖宜於噴薄，但祭天地、祭祖宗則宜於吞吐，詔令類雖宜於吞吐，但檄文則宜於噴薄，書牘類雖宜於吞吐，但論事則宜於噴薄。此外的各個類别，都可以以此類推。

評點

咸豐十年，曾氏完成一樁文學史上的大事，即選編了一本名爲《經史百家雜鈔》的書，所選之文皆出自經書、史書和諸子百家之作，分爲十一大類，分别命名爲論著、詞賦、序跋、詔令、奏議、書牘、哀祭、傳志、叙記、典志、雜記。這部書後來成爲清末民初的一部暢銷書，在士人中産生很大的影響。

這段日記在談到文章的陽剛之美與陰柔之美的時候，以《經史百家雜鈔》爲例，指出何種文體宜以噴薄手法寫浩瀚的陽剛氣勢，何種文體宜以吞吐手法寫出陰柔韻味。至於陽剛、陰柔的體現形式，曾氏自有論叙，留待下面再來評點。

原文　古文八字訣

往年余思古文有八字訣，曰雄、直、怪、麗、淡、遠、茹、雅，近於茹字似更有所得，而音響節奏，須一和字爲主，因將淡字改作和字。

文章陽剛之美，莫要於湧、直、怪、麗四字；陰柔之美，莫要於憂、茹、遠、潔四字。惜余知其意而不能竟其學。

嘗慕古文境之美者，約有八言，陽剛之美，曰雄、直、怪、麗，陰柔之美，曰茹、遠、潔、適。蓄之數年，而余未能發其爲文章，略得八美之一，以副斯志。是夜將此八言者，各作十六字讚之，至次日辰刻作畢，附録如左。

雄：劃然軒昂，盡棄故常，跌宕頓挫，捫之有芒。

直：黄河千曲，其體仍直，山勢如龍，轉换無迹。

怪：奇趣横生，人駭鬼眩，《易》《玄》《山經》，張韓互見。

麗：青春大澤，萬卉初葩，《詩》《騷》之韶，班揚之華。

茹：衆義輻湊，吞多吐少，幽獨咀含，不求共曉。

遠：九天俯視，下界聚蚊，寤寐周孔，落落寡群。

潔：冗意陳言，類字盡芟，慎爾褒貶，神人共監。

適：心境兩閒，無營無待，柳記歐跋，得大自在。

譯文

往年我思考古文有八字訣竅，稱之爲雄、直、怪、麗、淡、遠、茹、雅，近來對於茹字似乎更加有所收穫，至於音響節奏上，必須以一個和字爲主，因而將淡字改爲和字。

文章的陽剛之美，重要的莫過於湧、直、怪、麗四個字；陰柔之美，重要的莫過於憂、茹、遠、潔四個字。可惜的是，我知道它的意思，但不能深究這中間的學問。

曾經追慕古文境界的美好者，約有八個字，在陽剛之美方面，即雄、直、怪、麗，在陰柔之美方面，即茹、遠、潔、適。在心中積蓄了幾年，我没有將它發揮成爲一篇文章，用來略微探索八種美境中的一種，證明我的追慕之志。今夜將這八個字中的每一個字用十六個字來讚揚，到第二天辰時寫完，附録於左邊。

雄：軒昂挺立，將故常完全拋棄，跌宕頓挫，摸一摸感覺到有刺芒。

直：如同黄河般雖曲折多但主體依舊直挺，又像如龍的山勢，轉换之際看不出痕迹。

怪：奇特趣味憑空生發，人與鬼都會驚駭眩目。在《易經》《太玄》《山海經》及張華、韓愈的作品裏都可見到。

麗：如同春天裏的大沼澤地，成千上萬朵鮮花初吐花蕊，《詩經》《離騷》以及班固、揚雄的文章裏都有這種美好的春光。

茹：各種含義都彙集着，蘊含者多而顯露者少，獨自幽深地蓄含，不想求得衆人知曉。

遠：站在九重天上俯視，人間萬物如同蚊子聚集，日夜所思索大道理的周公孔子，顯得孤獨而不合群。

潔：多餘的想法陳舊的話，這類東西全部删除，筆底下的褒貶要謹慎，神與人都在監視着。

適：心與境兩者都悠閒，不鑽營不期待，如柳宗元的遊記與歐陽修的序跋，因此而達到自在大境界。

評點

曾氏很贊同姚鼐將文章分爲陽剛之美與陰柔之美兩大類的説法，並進而以四個字來表述陽剛之美，以四個字來表述陰柔之美，再進而模倣鍾嶸的《詩品》，對這八個字予以四字一句共四句的闡述。雖然曾氏的表述不一定全面準確，但他對文章之道的努力探索，却很有意義。他的關於古文之境的八個字三十二句話，對文章寫作也很有啓發性。

原文　古文古詩的八種風格

偶思古文古詩，最可學者，占八句云：《詩》之節，《書》之括，《孟》之烈，韓之越，馬之咽，《莊》之跌，陶之潔，杜之拙。

譯文

偶爾想到古文古詩，其中最可學習的地方，隨口念了八句話來表述：《詩經》的節制，《書經》的概括，《孟子》的激烈，韓愈的激越，司馬遷的吞咽，《莊子》的跌宕，陶潛的高潔，杜甫的樸拙。

評點

曾氏喜歡思索，也善於用簡潔的文字將思索所得予以概括。這八句話是他對古詩古文中的八個（部）經典作家（作品）風格的概括，有的很準確如《孟》之烈，但也有的爲了叶韻而顯得有點勉强，如馬之咽。

原文　韓文與《六經》

古文之道，與駢體相通。由徐、庾而進於任、沈，由任、沈而進於潘、陸，由潘、陸而進於左思，由左思而進於班、張，由班、張而進於雲、卿。韓退之之文，比雲、卿更高一格。解學韓文，則可窺六經之閫奥矣。

譯文

古文的法則，與駢文相通。由徐陵、庾信而上溯到任昉、沈約，由任昉、沈約而上溯到潘岳、陸機，由潘岳、陸機而上溯到左思，由左思而上溯到班固、張衡，由班固、張衡而上溯到揚雄、司馬相如。韓愈的文章，比揚雄、司馬相如更要高出一格。理解韓文，則可略知《六經》的機奥了。

評點

曾氏畫出一條從漢到唐的文章演變軌迹，然後再將韓文與六經銜接上。『文起八代之衰』的韓愈是如何接續孔孟道統的，通過這條軌迹可以尋到着落。

原文　文章與情韻聲調

韓文《柳州羅池廟碑》，覺情韻不匱，聲調鏗鏘，乃文章中第一妙境。情以生文，文亦以生情，文以引聲，聲亦足以引文，循環互發，油然不能自已，庶漸漸可入佳境。

譯文

讀韓愈《柳州羅池廟碑》一文，感覺到該文情韻不絶，聲調鏗鏘，是文章中的第一等妙境。情韻催發好文章，好文章也可以催生情韻，好文章可以引發鏗鏘聲調，鏗鏘聲調也足以引出好文章，循環而互相引發，自然而然地產生不能自已控制，如此或許可漸漸地進入文章佳境。

評點

曾氏認爲韓愈《柳州羅池廟碑》是第一等妙文，妙在情韻和聲調上。又由此而領悟到情以生文、

文以生情，文以引聲、聲以引文的爲文奥妙。這些體會足令喜爲文者咀嚼。

原文　韓文技進乎道

閱韓文《送高閒上人》。所謂機應於心，不挫於物，姚氏以爲韓公自道作文之旨。余謂機應於心，熟極之候也，《莊子·養生》篇之説也；不挫於物，自慊之候也，《孟子》『養氣』章之説也。不挫於物者，體也，道也，本也；機應於心者，用也，技也，末也。韓子之於文，技也進乎道矣！

譯文

讀韓愈《送高閒上人》一文。所謂機巧與心相應，氣不因外物而挫，姚鼐認爲這兩句話是韓愈老先生關於作文宗旨的夫子自道。我以爲所謂機應於心，這是熟練至極的體現，《莊子·養生》篇中的説法；不挫於物，自我感覺很好的體現，《孟子》『養氣』的説法。氣不因外物而挫，這是本體，是法則；機巧與心相應，是運用，是末技。韓愈對於文章而言，是技巧已進入爲文之大道。

評點

《莊子·養生》篇中解牛高手庖丁説：『臣之所好道也，進乎技矣。』説的是道在技之上。曾氏所説的『技也進乎道矣』，應化於此典。進乎道的技乃至爲高超的技藝，此時的技藝已與大道完全一致。

原文　古文寫作上的苦惱

古文一事，平日自覺頗有心得，而握管之時，不克殫精極思，作成總不稱意，安得屏去萬事，酣睡旬日，神完意適，然後作文一首，以攄胸中奇趣。

余於古文一道，十分已得六七，而不能竭智畢力於此，匪特事務相擾，時有未閒，亦實志有未專也。此後精力雖衰，官事雖煩，仍當篤志斯文，以卒吾業。

久不作文，機軸甚生，心思遲鈍，尚不能成篇，亦因見客太多，瑣事煩瀆，神智昏攪故也。

昔年每作一文，輒數日不能成寐，不知老年何以轉無此病，豈反健於壯歲耶？抑用心未能銳入耶？

余生平稍致力於古文，思欲有所述作，今憊而一無所成，深用自愧。

與兒子一論所作之文，考據與筆力，兩無可取。

每一作文，未下筆之先若有佳境，既下筆則無一是處。由於平日用功浮泛，全無實際故耳。

譯文

對於古文寫作這件事，平日裏自覺頗爲有所心得，但到握筆寫時，又不能够做到用盡心思來考慮，寫好後又總覺得不滿意。真想排除一切事務的干擾，美美地睡上十天，使得精神充足，心情閒適，然後再寫一篇文章，以發抒胸中的奇趣。

我對於古人寫作的法則，十分已掌握其中的六七分，但不能做到用盡心智力量來寫作，不完全是瑣碎事務的干擾，没有空閒時刻，也實在是心志没有專一。以後即使精力雖然衰退，公務雖然煩雜，仍然要定下心來致力古文寫作，以完成我的事業。

長久不寫文章，技藝已很生疏，思慮顯得遲鈍，且不能成篇，也是因爲接見客人太多，煩瑣之事相侵，把神智都攪得昏亂的原故。

過去每寫一篇文章，動輒幾天不能睡好覺，到了老年，不知是什麼原因没有這個毛病了，難道是反而比壯年時更健壯了嗎？還是因爲心思上没有用得像過去那樣深入了？

我平生於古文寫作上曾經稍微用心，想在這方面有所著述，現在疲憊而一無所成，深感自愧。

與兒子談論自己所作的文章，在考據和文筆兩方面都無可取之處。

每一次寫文章，沒有下筆之前好像覺得心中有好的意境，到了寫時則又覺得一無是處。這是因爲平日裏用功淺且太寬泛，完全沒有實際效果的原故。

評點

此處所抄録的這幾段曾氏日記，談的全是關於作文之事。曾氏軍功蓋世，封侯拜相，歷史對這些説得不少，且多爲肯定，但曾氏本人對此少見自矜，並不認爲自己是擺弄軍政的高手。他自我感覺良好的衹有一個方面，即詩文，尤其是文章的寫作。這裏所説的古文，就是我們通常所説的時文（八股文）之外的文章。但是，一則困於軍政事務，一則疲於年衰體弱，曾氏對於古文寫作未能達到自己預期目標的現狀，十分苦惱。

原文　五言古詩的兩種最高境地

五言古詩有二種最高之境，一種比興之體，始終不説出正意。如《碩人》，但頌莊姜之美盛，而無子兆亂已在言外。《大叔於田》，但誇叔段之雄武，而耦國兆亂已在言外。曹、阮、陳、張、李、杜往往有之。一種盛氣噴薄而出，跌宕淋漓，曲折如意，不復知爲有韻之文，曹、鮑、杜、韓往往有之。余解此二境，而曾未一作此等詩，自愧亦自憾也。

譯文

五言古詩有兩種最高的境界。一種是比興之體，始終不説出詩文所要表達的本意。如《碩人》，衹頌揚莊姜的非常美麗，而無子將引發動亂已在言外。如《大叔在田》，衹誇耀叔段的雄壯威武，而並立爲國將引發動亂已在言外。這種境地在曹植、阮籍、陳子昂、張籍、李商隱、杜牧詩中往往可見。一種是盛大的氣勢從詩中噴薄欲出，跌宕淋漓，曲折而如意，令人感覺不出這是有韻的文字，這種境地在曹操、鮑照、杜甫、韓愈的詩中往往可見。我懂得這兩種最高境地，衹是不曾作過一首這樣的詩，既慚愧又遺憾。

評點

這段日記説的是曾氏研究五言古詩的體會。他領悟到五言古詩有兩個最高的境地：一是通篇比喻，意在不言中；一是氣勢雄壯，令人被其氣所震撼而不覺得是在讀詩。

原文　讀陶詩

夜閲陶公《述酒》詩，爲南宋鄱陽湯文清公漢所注，於陶公廋詞微旨，盡得解釋，欣悦無已。

閲陶詩全部，取其閒適者記出，將抄一册，合之杜、韋、白、蘇、陸五家之閒適詩，纂成一集，以備朝夕諷誦，洗滌名利爭勝之心。

譯文

夜晚讀陶淵明的《述酒》，這首詩爲南宋鄱陽人湯漢所注釋，對於陶淵明詩中的隱匿幽賾都給予揭橥，讀後歡悦無已。

閱讀陶淵明的全部詩作，將其中風格閒適的作品選出，將來抄録一册，與杜牧、韋應物、白居易、蘇軾、陸游五人的閒適詩合在一起編成一集，以備早晚誦讀，洗浄名利與争强好勝之心。

評點

曾氏一生處在名利争勝之中，一顆心長年纍月被綳得緊緊的，故而他特别需要藉閒適詩作來放鬆來休閒，陶淵明的詩因此備受他的青睞。他多次要兩個兒子讀陶詩，藉以陶冶心胸：『五言詩若能學到陶潛、謝朓一種沖淡之味，和諧之音，亦天下之至樂，人間之奇福也。』（同治元年七月十四日家書）『紀澤於陶詩之識度不能領會，試取《飲酒》二十首、《擬古》九首、《歸園田居》五首、《咏貧士》七首等篇反覆讀之。若能窺其胸襟之廣大，寄託之遥深，則知此公於聖賢豪傑皆已升堂入室。』（同治四年七月初三日家書）

原文　藝之精全在微妙處

摹《書譜》一過，乃知藝之精，其致力全在微妙處。若人人共見共聞之處，必無通微合妙之詣，若一向在浮名時譽上措意，豈有是處？

譯文

臨摹《書譜》一遍，於是懂得藝術的精到，完全應在微妙之處用力。人人都能見到聽到的地方，必定没有與微妙相合的通道，儻若總在浮名時譽上用功，哪裏會尋到微妙處呢？

評點

曾氏在這裏談了一點很有見地的體會，即藝術的精到體現在微妙之處，而這種微妙之處却不在人人都能感覺到的地方，因此要有避開浮名時譽的孤獨寂寞之心。

原文　奇氣不令過露

大抵作字，及作詩古文，胸中須有一段奇氣盤結於中，而達之筆墨者，却須遏抑掩蔽，不令過露，乃爲深至。若將絲毫求知見好之心洗滌净盡，乃有合處，故曰『七均斯無聲，五和常主淡』也。

譯文

大致説來，寫字以及寫詩寫古文，胸中都必須有一股奇特之氣盤旋固結其間，而表現在筆墨上，却必須抑制掩藏，不要令它太暴露，這纔是老到，儻若將一絲一毫的求取别人知道稱讚的心思都洗滌乾净了，纔有可能與此相吻合，故而有『七種協調樂器的工具本身都不發出聲音，五種調和的佐料都以淡爲主』之說。

評點

復出之後的曾氏，爲人處世主黄老學説，以藏剛於柔之術應對方方面面。他的審美觀亦相與吻合。這段奇氣不令過露的作字之道，所體現的審美趣味即屬於此類。

原文 閲劉墉《清愛堂帖》

閲劉石庵《清愛堂帖》，其起筆多師晉賢及智永《千字文》，用逆蹴之法，故能藏鋒。張得天之筆多師褚、顔兩家，用直來横受之法，故不藏鋒而聯絲縈帶，以發其機趣。二者其理本一貫，特逆蹴與直來横受，形迹判然，難合而爲一耳。

看劉文清公《清愛堂帖》，略得自然之趣，方悟文人技藝佳境有二：曰雄奇，曰淡遠。作文然，作詩然，作字亦然。若能含雄奇於淡遠之中，尤爲可貴。

夢劉文清公，與之周旋良久，説話甚多，都不記憶，惟記問其作字果用純羊毫乎？抑用純紫毫乎？文清答以某年到某處道員之任，曾好寫某店水筆。夢中記其店名甚確，醒後亦忘之矣。

譯文

看劉墉的《清愛堂帖》，他的起筆多師從晉代的先賢以及智永的《千字文》，使用逆蹴之法，故而藏鋒。張得天的筆畫多師從褚遂良、顔真卿兩家，使用直來横受的方法，故不藏鋒而絲帶相聯以發揮他的機趣。兩種方法的道理本是一致的，祇是在形迹上逆蹴與直來横受截然不同，難以合而爲一罷了。

看劉墉的《清愛堂帖》，略微得到其中的自然而然的情趣，於是感悟到文人的技藝有兩種佳境：叫做雄奇，叫做淡遠。作文是這樣，作詩是這樣，作字也是這樣。若是能將雄奇寓含於淡遠之中，則尤其可貴。

夢見劉墉，與他相處很久，説了許多話，醒來後都不記得了，祇記得問他寫字真的用純羊毫嗎？或者用純紫毫嗎？劉墉回答説，某年到某地任道員，曾經喜歡用某店賣的水筆。夢中對這個店名記得很確切，醒來後也忘記了。

評點

在本朝人當中，曾氏最推崇劉墉的書法。夜夢劉墉，並與之討論用什麽筆，醒後還要將它鄭重記在日記中，頗有點孔子夢周公的味道。可見曾氏對劉墉的仰慕之深。他在欣賞劉墉的《清愛堂帖》時，生發出『含雄奇於淡遠之中』的感悟，不僅可視爲曾氏的美學思想，也可看作是曾氏的人生體驗。這是一種很高的爲人境界，它要求陽剛與陰柔兼備，且將陽剛藏於陰柔之中。曾氏晚年的這個領悟，很有意蘊。

原文　剛健婀娜缺一不可

作字之道，剛健、婀娜，二者闕一不可。余既奉歐陽率更、李北海、黄山谷三家，以爲剛健之宗，又當參以褚河南、董思白婀娜之致，庶幾成體之書。

余近年始略解書法，而無一定規矩態度，仍歸於一無所成。今定以間架師歐陽率更，而輔之以李北海，豐神師虞永興，而輔之以黄山谷，用墨之鬆秀，師徐季海所書之《朱巨川告身》，而輔之以趙子昂《天冠山》諸種，庶幾其爲成體之書。

用狼毫筆寫寸以外字，足以發攄心中邁往之氣，爲之神怡。

久未作小楷，下筆輒重而不入。是日筆輕稍能入紙，乃悟輪扁甘苦徐疾之説，日内作書，常有長進，蓋以每日不間斷之故。

譯文

寫字的法則，剛健勁拔與婀娜多姿，兩者缺一都不好。我一面將歐陽詢、李邕、黄庭堅三家奉爲

剛健之風的宗師，又應當以褚遂良、董其昌的婀娜多姿的韻致作爲參考，這樣或許可能自成一體。

我最近幾年纔略爲理解書法，但缺乏一種固定的規矩態度，仍舊是一無所成。今後一定在結構上師從歐陽詢，而以李邕爲輔助，在神采上師從虞世南，而以黄庭堅爲輔助，用墨上的鬆秀，則師從徐浩所寫的《朱巨川告身》，而以趙孟頫的《天冠山》幾種字帖作爲輔助，或許書法可以自成一體。

用狼毫筆寫一寸大以上的字，足可以發舒心中豪邁前進的氣概，精神因此而怡樂。

很久没有寫小楷，下筆則重却不能入紙。今天下筆輕而能稍稍入紙，於是悟得輪扁關於製輪的一套甘苦疾徐的説法。近日裏寫字常常有些長進，這是每天不間斷寫的原故。

評點

輪扁甘苦徐疾之説，見於《莊子·天道》。這實在是一段古往今來不可多得的絶妙文字，現特爲照抄一節，以饗讀者——

『輪扁曰：臣也以臣之事觀之，斵輪徐則甘而不固，疾則苦而不入，不徐不疾，得之於手而應於心，口不能言，有數存焉於其間。臣不能以喻臣之子，臣之子亦不能受之於臣，是以行年七十而老斵輪。』

這段文字之所以好，是它至少説出兩層普遍存於世間的道理：一是世間有許多的巧妙是不能用語

言文字來表達的，二是世間有許多的巧妙産生於經年不息的手眼操作中而不自知。書法藝術便是其中之一。曾氏以晚年之手每日不間斷作字而自覺常有長進，便正是這種現象的很好説明。

原文　藉文章傳名談何容易

來示甚以抛棄詩書爲慮，殊非所宜。將藉此以博取青紫，則未得之時，邛若神仙，既得之後，睨如敗履。身外浮名，何足加損！若謂積軸在胸，烈芬在後，則傳人之目，談何容易！見有握槧懷鉛，窮老盡氣，當時自誇，没亦汶汶。凡若此者，不勝數也。

譯文

來信很以抛棄詩書爲擔心，這種擔心絶没必要。若是以詩書來求得高官厚禄，那麼未得到時，則將詩書捧若神仙，得到之後，則視如敝履。官聲這種身外浮名，怎麼可以讓人的身份如此增加與減弱！儻若説纍積許多學問在胸中，著書立説，博得好名聲在身後，則可以通過世人的眼目傳揚，這談何容易。倒是有伏案揮墨，用盡一生氣力，在生時自我誇許，死後則默默無聞。像這等人，則數不勝數。

評點

以《四書》《五經》爲敲門磚，功名之門一旦敲開，則棄而不顧，這本是科舉時代普遍存在的現象。曾氏回覆友人的關心，申明自己不是這種人，但也同時指出，藉文章書籍傳世也不容易，許多人辛辛苦苦一輩子『握槧懷鉛』，自認爲可以揚名，却事與願違。應當説，曾氏在這方面的頭腦是清醒的。

原文　《資治通鑒》論古折衷至當

先哲經世之書，莫善於司馬文正公《資治通鑒》，其論古皆折衷至當，開拓心胸。如因三家分晉而論名分，因曹魏移祚而論風俗，因蜀漢而論正閏，因樊英而論名實，皆能窮物之理，執聖之權。又好敘兵事所以得失之由，脈絡分明。又好詳名公巨卿所以興家敗家之故，使士大夫怵然知戒。實《六經》之外不刊之典也。

譯文

前代賢哲所寫的經世之書，没有能超過司馬光《資治通鑒》的。他議論古事都能持中允當，開拓心胸。如就三家分晉而論名分，就曹姓魏國代替漢朝而論風俗，就劉姓蜀國而論正朔，就樊英而論名實，都能够做到窮究事物之道理，執掌最爲公正的權衡。又喜好敘説軍事得與失的原由，脈絡分明。又喜好詳析名公巨卿興家與敗家的原故，使士大夫心存警惕戒備，確實是《六經》之外的不刊之典。

評點

《資治通鑒》刊行近一千年來，備受中國士人的喜愛，尤其受政治家的青睞，據説毛澤東一生讀此書達十七遍之多。原因何在？曾氏這段話中説出了其中一個重要點，即論古『折衷至當，開拓心胸』。

原文　詩書能養心凝神

早歲有志著述，自馳驅戎馬，此念久廢，然亦不敢遂置詩書於不問也。每日稍閒，則取班、馬、韓、歐諸家文，舊日所酷好者一一温習之，用此以養吾心而凝吾神。

譯文

早年有著書立説的志向，自從帶兵以來這一念頭久已廢止，但也不敢放着詩書而不過問。每日稍有空閒，則將班固、司馬遷、韓愈、歐陽修等人的文章以及過去所特別喜好的書一一温習，藉此來涵養我的心境而凝聚我的神志。

評點

雖在軍旅而不廢詩書，這是曾氏軍營歲月的真實寫照。這固然是出於他的文人積習，更重要的是他在這段話中所説的養心凝神。詩書能滋潤人的心田，能使人的神志不放縱，這便是詩書帶給人們的好處，可惜的是，眼下物慾橫流，很多人失去了這個體驗。

原文　柔和淵懿中有堅勁雄直之氣

足下爲古文，筆力稍患其弱。昔姚惜抱先生論古文之途，有得於陽與剛之美者，有得於陰與柔之美者，二端判分，劃然不謀。余嘗數陽剛者約得四家，曰莊子，曰揚雄，曰韓愈，曰柳宗元；陰柔者

約得四家，曰司馬遷，曰劉向，曰歐陽修，曰曾鞏。然柔和淵懿之中，必有堅勁之質，雄直之氣，運乎其中，乃有以自立。足下氣體近柔，望熟讀揚、韓各文，而參以兩漢古賦以救其短。何如？

譯文

你寫的古文，筆力稍微顯得弱了一點。過去姚鼐先生議論古文的風格，説有的得陽剛之美，有的得陰柔之美，兩種風格很明顯，像截然劃分開一樣。我曾經計算過，屬於陽剛之美的大約有四人，爲莊子、揚雄、韓愈、柳宗元；屬於陰柔之美的大約有四人，爲司馬遷、劉向、歐陽修、曾鞏。然而在柔和淵懿的風格中必定存在着堅勁雄直的氣質，纔可以自立。您的氣質偏近於柔，希望能熟讀揚雄、韓愈的一些名文，而參考兩漢的古賦來彌補自己的短處。怎麽樣？

評點

曾氏認爲，即便是風格陰柔的文章，也必須要有堅勁雄直的氣質在其中，纔會是傳世的好文章。他的這種審美觀有一句更雅的表述，即『含雄奇於淡遠之中』。

原文　看讀寫作缺一不可

學者於看、讀、寫、作四者，缺一不可。看者，涉獵宜多宜速；讀者，諷咏宜熟宜專。看者，日知其所亡；讀者，月無忘其所能。看者，如商賈趨利，聞風即往，但求其多；讀者，如富人積錢，日夜摩挲，但求其久。看者如攻城拓地，讀者如守土防隘，二者截然兩事，不可闕，亦不可混。至寫字

不多則不熟，不熟則不速，無論何事，均不能敏以圖功。至作文，則所以瀹此心之靈機也。心常用則活，不用則窒，如泉在地，不鑿汲則不得甘醴，如玉在璞，不切磋則不成令器。今古名人，雖韓、歐之文章，范、韓之事業，程、朱之道術，斷無久不作文之理。張子云：『心有所開，即便札記，不思，則還塞之矣。』

譯文

求學者在看、讀、寫、作四個方面，缺一不可。看，指的是所涉及的書宜多，宜快；讀，指的是高聲朗誦背誦宜熟練宜專門。看，即每天知道哪些是原先所不知的；讀，即每個月不忘記所掌握的。看，好比商人趨於利，聞風即往，但求利多；讀，好比富人積纍銀錢，日夜撫摸它，但求財貨長久。看又好比攻城掠地，讀又好比守土防隘。這兩個方面是截然不同的兩件事，不可缺失，也不可混同。至於寫字，寫得不多則不熟練，不熟練則速度不快，無論做什麽事，都不能做到敏捷地獲得成功。至於作文，則可以使心中的靈機得到疏通，心經常用則活絡，不用則窒息，好比泉水在地下，不鑿通汲取則得不到甜美的水，好比玉藏在石頭裏，不切磋則不能成好器具。古今的名人，即便是韓愈、歐陽修的文章，范仲淹、韓琦的事業，程頤、朱熹的學術，絶對没有許久不作文章的道理。張載説：『心裏若有所領悟，要隨即寫下札記，一旦不思索，便又阻塞了。』

評點

曾氏用了不少比喻，又引經據典，講述看、讀、寫、作四個方面對爲學者的重要性。用今天的語言來説，看即博覽群書，讀即反覆誦讀經典，寫即寫字快速，作即勤於動筆爲文。除開『寫』字無須强調外，其他三字今天仍可作爲參考。

原文　文章以精力盛時易於成功

文章之事，究以精力盛時易於進功。足下年力方强，直趨拔俗，宜趁此時，併日而學，絶塵而奔，雖未必遽躋作者，而看、讀、寫、作，四者兼營並進，亦自有一番之功效。

譯文

寫文章這件事，畢竟以精力旺盛時容易進步。你的年歲活力正當强旺，向上提升脱離平俗，宜趁着這個時候，一天當作兩天來學習，快速向前奔馳，即便不一定能很快地躋身寫作者的行列，而於看、讀、寫、作四個方面兼營並進，也自然必有一番功效。

評點

幹什麽事都必須趁着年富力强時用猛功，過時則心有餘而力不足。因爲有老杜一句『庾信文章老更成』的詩，有人便認爲文章可以老來更成熟。其實，正因爲老來更成熟者少之又少，纔有杜甫的如此稱讚庾信。『詩酒趁年華』，信不誣也。

原文　文章要有骨有肉有聲色

退之論文，先貴『沉浸濃郁，含英咀華』。陸士衡、劉舍人輩，皆以骨肉停匀爲上。姬傳先生亦以格律、聲色、與神理、氣味四者並稱。閣下之文，有骨有肉，似宜於『聲色』二字，少加講求。

譯文

韓愈評論文章，先看重『沉浸濃郁，含英咀華』。陸機、劉勰等人，都以骨與肉匀稱爲上等。姚鼐先生也以格律、聲色與神理、氣味四者一並稱道。你的文章，有骨有肉，但宜在『聲色』二字上再稍微講求講求。

評點

『沉浸濃郁，含英咀華』是韓愈《進學解》中的話，這八個字的意思是沉浸在醇厚的內容中，玩味文句的精華。意謂文章既要內容好，又要文句美。內容好比骨，文句好比肉，這就是骨肉停匀。至於聲色，則指的是平仄四聲與詞采的講求，屬於更高一層的境界。若骨肉停匀又有聲色，那麽文章就更好了。

原文　自爲之書不過數十部

四部之書，浩如烟海，而其中自爲之書有原之水，不過數十部耳。經則《十三經》是已，史則

《廿四史》暨《通鑑》是已，子則五子暨《管》《晏》《韓非》《淮南》《呂覽》等十餘是已，集則《漢魏六朝百三家》之外，唐宋以來，廿餘家而已。此外，入子、集部之書，皆贋作也，皆剿襲也；入經、史部之書，皆類書也，不特《太平御覽》《事文類聚》等爲類書，即『三通』亦類書也，《小學近思録》《衍義》《衍義補》亦類書也，故嘗謬論修藝文志、四庫書目者，當以古人自爲之書，有原之川瀆，另行編列別自而定一尊。其分門別類，雜纂古人成書者，別爲一編，則蕩除廓清，而書之可存者日少矣。

譯文

經、史、子、集四部所收之書浩如烟海，而其中原創書有源頭的水，不過幾十部而已。經部則祇有《十三經》屬這一類，史部則《二十四史》及《資治通鑑》屬這一類，子部則五子及《管子》《晏子春秋》《韓非子》《淮南子》《呂氏春秋》等十餘家屬這一類，集部則《漢魏六朝百三名家集》之外，唐宋以來二十餘家而已。此外，收入子部、集部的書皆假冒之作，皆抄襲之作；收入經部、史部的書都是類書，不僅《太平御覽》《事文類聚》等是類書，即便『三通』也是類書，《小學近思録》《衍義》《衍義補》也是類書。故而我曾經發謬論説，修藝文志、四庫書目者，應當以古人原創書有源頭的水，另行編列定爲一尊，那些分門別類抄摘古人成書的，再行成爲一編，如此則將書海予以廓清，那麽可存之書則日漸減少。

評點

中國有史以來的書籍，人們常用浩如烟海來形容，的確是多得不可勝數，然真正稱得上經典的則不多。現在印刷業發達，出書已成爲一件很平常的事，故而許多書籍被人稱爲泡沫書、垃圾書。對於此類書，人們已見怪不怪，接下來則是『開卷有益』這句成語也就不再一律正確。泡沫、垃圾這一類書，開卷又有何益呢？

原文　讀書貴於得間

凡讀書筆記，貴於得間。戴東原謂閻百詩善看書，以其能蹈瑕抵隙，能環攻古人之短也。近世如高郵王氏，凡讀一書，於正文注文一一求其至是，其疑者非者，不敢苟同，以亂古人之真，而欺方寸之知。若專校異同某字某本作某，則謂之考異，謂之校對，不得與精覈大義參稽疑誤者同日而語。當時批寫書眉，本不以爲著述之事，後人概以編入筆記之内，殆非姜塢及惜抱之意。

譯文

大凡讀書筆記，可貴的是發現書中的間隙。戴震説閻若璩善於看書，是因爲閻能發現書中的瑕玼以及漏隙，能够四面出擊古人的短缺處。近世如高郵王念孫，每讀一書，對於正文注文一一探求它的最精當的地方，以及值得懷疑處不是處，不敢苟且贊同，以紛亂古人的真義而欺騙自心。若是專門校勘異與同以及某字在某個版本中作某，這叫做考異，叫做校對，不能與精覈大義稽查疑誤來相提並論。當時寫眉批，本來不是爲了著述，後人一概編在筆記中，恐怕不是姜塢及惜抱的本意。

評點

讀書得間，是古人讀書的一條重要經驗。所謂間，便是空隙，也就是著書者考慮不周之處、錯謬之處、遺漏之處。讀者能够發現，便意味着在這一點上讀者有高過作者之處，若把它挑出來，並能予以修正彌補的話，則無疑對學術大有裨益。這種文字簡短的讀書筆記，自然要勝過洋洋萬言的空泛論文。

原文　古文寫作的指引

古文者，韓退之氏厭棄魏晉六朝駢儷之文，而反之於《六經》兩漢從而名焉者也。名號雖殊，而其積字而爲句，積句而爲段，積段而爲篇，則天下之凡名爲文者一也。國藩以爲欲著字之古，宜研究《爾雅》《説文》小學訓詁之書，故嘗好觀近人王氏、段氏之説；欲造句之古，宜做倣《漢書》《文選》，而後可砭俗而裁僞；欲分段之古，宜熟讀班、馬、韓、歐之作，審其行氣之短長，自然之節奏；欲謀篇之古，則群經、諸子以至近世名家，莫不各有匠心以成章法，如人之有肢體，室之有結構，衣之有要領。大抵以力去陳言戛戛獨造爲始事，以聲調鏗鏘包藴不盡爲終事。

譯文

所謂古文，係韓愈因厭棄魏晉六朝駢儷之文，而追回到《六經》兩漢時期的文體而立的名字。名號雖然有别，但積字而爲句，積句而爲段，積段而爲篇，這個套路凡天下的文章都一樣。我認爲，用字若要古，則宜研究《爾雅》《説文》小學訓詁之書，故而曾經愛好讀近人王念孫、段玉裁的書；造句若要古，則宜倣倣《漢書》《文選》，而後可以醫治庸俗而去掉虚僞；分段若要古，則宜熟讀班固、司馬相如、韓愈、歐陽修的作品，研究在行氣上的短與長、節奏上的自然；謀篇想要古，則群經、諸子以至於近世的名家，莫不各有自己的匠心以成章法，好比人有肢體，房屋有結構，衣服有衣領一樣。大致説來，竭力去掉陳言舊句戛戛獨造，這是爲文時先所要想到的事，聲調鏗鏘動聽内容含量大且有餘韻，這是文章寫成後所要想到的事。

評點

天下文章莫不積字爲句，積句爲段，積段爲篇。這是將一篇文章解剖後的分析，曾氏治事治學擅長這種解剖法。曾氏曾經説過，面臨着一樁事，不妨將一析爲二，二析爲四，四析爲八，這樣細細地一剖開，便可以化繁爲簡，由粗及精，其本質便逐漸暴露出來，解决的辦法也便隨即産生。將文章之篇析爲段，將段析爲句，將句析爲字，於是對應的提高之途也便出來了：練字宜研究《爾雅》《説文》，練句宜倣倣《漢書》《文選》，練段宜熟讀班、馬、韓、歐，練篇則倣倣群經、諸子。津渡指明，橋樑搭成，爲文之路便成坦途。

原文　善待兄弟即是孝

予生平於倫常中，惟兄弟一倫，抱愧尤深。蓋父親以其所知者盡以教我，而我不能以吾所知者盡教諸弟，是不孝之大者也！

余欲盡孝道，更無他事，我能教諸弟進德業一分，則我之孝有一分，能教諸弟進十分，則我孝有十分。若全不能教弟成名，則我大不孝矣。

聞四妹起最晏，往往其姑反服侍他。此反常之事最足折福。天下未有不孝之婦而可得好處者。

爲人子者，若使父母見得我好些，謂諸兄弟俱不及我，這便是不孝；若使族黨稱道我好些，謂諸兄弟俱不如我，這便是不弟。何也？蓋使父母心中有賢愚之分，使族黨口中有賢愚之分，則必其平日有討好底意思，暗用機計，使自己得好名聲，而使其兄弟得壞名聲，必其後日之嫌隙由此而生也。

但願兄弟五人，各各明白這道理，彼此互相原諒，兄以弟得壞名爲憂，弟以兄得好名爲快。兄不能使弟盡道得令名，是兄之罪；弟不能使兄盡道得令名，是弟之罪。若各如此存心，則億萬年無纖芥之嫌矣。

譯文

我這一生在倫常方面，祇有於兄弟這一倫很慚愧。這是因爲父親以他所知道的盡以教給我，而我卻不能以我所知道的完全教給諸弟。這是不孝中最大的。

我想要盡孝道，沒有其他的事，我若能教導諸弟在德業上有一分長進，則我的孝道便有了一分，若能教導諸弟長進十分，則我的孝道有了十分。若是完全不能教諸弟成名，那麼我就大爲不孝了。

聽説四妹起床最晚，往往是她的婆母反來服侍她。這種反常的事最足以折掉人的福氣。天下沒有不孝的婦人而能得到好處的。

爲人之子的，儻若使父母覺得我好一些，説諸兄弟都不及我，這便是不孝。若使同族人稱讚我好一些，説諸兄弟都不如我，這便是不弟。爲什麼呢？這便是使得父母心中有好與差之分，使得同族人的口中有好與差之分，那麼他平日必定懷有討好的意思，暗地裏用心機，使自己得了好名聲，而使他的兄弟得了壞名聲，日後的嫌隙也便由此而生發了。

但願兄弟五人每人都明白這個道理，彼此互相原諒，兄以弟得壞名爲憂慮，弟以兄得好名爲快樂。兄不能使弟完全得到好名聲，則是兄的罪過；弟不能使兄完全得到好名聲，則是弟的罪過。儻若每人都如此存心，則億萬年無絲毫的嫌隙了。

評點

這幾段文字出自於道光二十二年九月至道光二十三年正月之間給諸弟的信中。曾氏治家思想中有一個重要的內容即孝致祥，意謂孝順招致家庭的祥和，這是完全遵照儒家學說的觀念。孝是對父母等長輩而言的，對父母本人好，固然是孝順，若是因别的事情而讓父母高興，也是孝的一種方式。《禮記》中説孝子『舟而不游，道而不徑』，愛惜自身，同樣也是孝，因爲自身就是父母的骨肉，這份骨肉好，父母心裏自然很高興。兄弟姐妹同樣是父母的骨肉，愛護他們，也便是孝的體現。曾氏就是從這個層面上來談對諸弟的友好，以及兄弟們互相都友好的意義之所在。

原文　家庭日用中有學問

今人都將學字看錯了，若細讀『賢賢易色』一章，則絶大學問，即在家庭日用之間。於孝弟兩字上盡一分便是一分學，盡十分便是十分學。今人讀書，皆爲科名起見，於孝弟倫紀之大，反似與書不相關。殊不知書上所載的，作文時所代聖賢説的，無非要明白這個道理。若果事事做得，即下筆説不出何妨？若事事不能做，並有虧於倫紀之大，則文章説得好，亦祇算個名教中之罪人。賢弟性情真摯，而短於詩文，何不日日在孝弟兩字上用功？《曲禮》《內則》所説的，句句依他做出，務使祖父母、父母、叔父母無一時不安樂，無一時不順適；下而兄弟妻子，皆藹然有恩，秩然有序，此真大學問也。若詩文不好，此小事不足計，即好極，亦不值一錢。不知賢弟肯聽此語否？

科名之所以可貴者，謂其足以承堂上之歡也，謂祿仕可以養親也。今吾得之矣。即使諸弟不得，亦可以承歡，可以養親，何必兄弟盡得哉？賢弟若細思此理，但於孝弟上用功，不於詩文上用功，則詩文不期進而自進矣。

譯文

今人都把學字看錯了，儻若細讀『賢賢易色』這一章，那麼可以知道絶大學問就在家庭日用之間。在孝弟兩個字上盡一分努力便是一分學問，盡十分努力便是十分學問。今人讀書都是爲了科名，至於孝弟倫理綱紀這些大事，反倒認爲與讀書不相關。殊不知書上所記載的，做文章時代替聖賢所立言的，無非是要讓人明白這個道理。儻若果然事事都做得好，即便筆下用文字表達不出又有何妨！儻若事事都不能够做得好，而且還在倫理紀綱等大事上有虧缺的話，即使文章中説得好，也祇是算一個名教中的罪人。賢弟性情真摯，祇是做詩文的能力短缺，那何不日日在孝弟兩個字上用功？《曲禮》《內則》中所説的那些，每一句都照着去做，務必使祖父母、父母、叔父母無一刻不安樂，無一刻不順適；下而兄弟妻子都藹然有恩，秩然有序，這是真正的大學問。若是詩文不好，這祇是小事，不足以計較，即便好到極點，也不值一錢。不知賢弟願意聽這番話否？

科名之所以可貴，是説它足可以使長輩獲得歡樂，是説俸祿可以用來奉養雙親。現在我已得到了，即便諸弟没有得到，也可以讓長輩承歡，可以有錢奉養雙親，何必兄弟們都得到呢？賢弟若細細想通這個道理，但在孝弟上用功，不在詩文上用功，則詩文可以在不刻意期待中而自然長進。

評點

這段話是道光二十三年六月曾氏給諸弟信中，專門針對四弟的來信而寫的。當年二十三歲的四弟國潢爲詩文功名所困，向大哥寫信道心中的苦惱。對於文才短缺而又不很熱中科名的老四，曾氏說了這一番話。這番話既有目的性很明確的指向，也同時具有普遍的意義，尤其是『絶大學問即在家庭日用之間』這句話，是很有道理的。在曾氏那個時代，學問的最大體現便是在於能很好地處理方方面面的人事關係。家庭雖小，日用雖細，但也存在並不簡單的人事，要將這些處置得妥當熨帖，也不容易，這裏面大有學問。當然，我們現在所説的學問還增加了科學技術這一門類，相對於人事而言，可稱之爲物事。有的人人事不行，物事好，你不能説他没學問；但既然身爲一個人，便不能超越於人事之外，物事學問再好，也得要有起碼的人事學問，否則物事學問的發揮也會受到影響，故而家庭日常中的學問是每個人都不能忽視的。

原文　聯姻但求勤儉孝友之家

兒女聯姻，但求勤儉孝友之家，不願與宦家結契聯婚，不使子弟長奢惰之習。

兄妹之子女，猶然骨肉也。古者婚姻之道，所以厚別也，故同姓不婚。中表爲婚，此俗禮之大失。譬如嫁女而號泣，奠禮而三獻，喪事而用樂，此皆俗禮之失，我輩不可不力辨之。

譯文

兒女聯姻，祇求勤儉孝友的家庭，不想與官宦家結兒女親家，不使子弟增加奢惰的習氣。

兄妹的子女，與親骨肉一個樣。古代婚姻的原則，特別注重在區別上，故而同姓不婚。表親之間聯姻，這是世俗禮數的一大失誤。又比如嫁女則大哭，祭奠用三獻禮，喪事而用音樂，這些都是世俗禮數中的失誤，我們不可不努力加以分辨。

評點

不願與官宦家聯姻，而願與勤儉孝友之家結兒女親，這是曾氏出於理論上的思考，事實上，曾氏二子五女所帶來的八個親家，清一色的都是官宦。長子先娶賀長齡之女（賀官至總督），後娶劉蓉之女（劉官至巡撫）。次子娶郭霈霖之女（郭官至兩淮鹽運使）。長女嫁袁芳瑛之子（袁官至知府），次女嫁陳源兗之子（陳官至知府），三女嫁羅澤南之子（羅官至道員），四女嫁郭嵩燾之子（郭官至侍郎），五女嫁聶亦峰之子（聶官至知府）。五個女婿除聶氏子外，都不理想，或荒唐，或羸弱，或平庸，可見曾氏選擇親家的理論思考是不錯的，惜實行起來却又從俗。

曾氏的大舅子歐陽牧雲曾經有過與妹家訂兒女親家的考慮，曾氏婉拒，其理由便是他所説『中表爲婚，此俗禮之大失』。表兄表妹結婚，在過去常見，其實這種血緣關係很近的聯姻，是很不好的。曾氏在當時能有這種科學認識，實爲明智。

原文 若驕奢淫佚則興旺立見消敗

家中蒙祖父厚德餘蔭，我得忝列卿貳，若使兄弟妯娌不和睦，後輩子女無法則，則驕奢淫佚，立見消敗，雖貴爲宰相，何足取哉！我家祖父、父親、叔父三位大人，規矩極嚴，榜樣極好，我輩踵而行之，極易爲力。

譯文

家中蒙受祖父的厚德餘蔭，我得以不稱職地列入朝廷大員中，儻若兄弟妯娌之間不和睦，後輩兒女的行爲没有約束的法則，則家中出現驕奢淫佚，興旺的氣象便會立即消敗，即便貴爲宰相，又有什麽可取的呢？我家祖父、父親、叔父三位長輩，都有極嚴格的規矩，極好的榜樣，我們衹要跟着他們的脚步就行了，極容易做到。

評點

這是道光二十七年七月寫給諸弟信中的一段話。一個多月前，曾氏以九年翰林的資歷，三十七歲的年紀，連升四級，由四品躍爲二品，成爲朝廷中的大員。他的這種際遇，在湖南係空前絶後，在全國連他在内也僅止三人。面對如此巨大的榮耀，曾氏决不得意忘形，而是對自己對家中要求更爲嚴厲。他給祖父的信上説：『遷擢不次，惶悚實深。』給叔父的信上説：『侄何德何能堪此殊榮！常恐祖宗積纍之福，自我一人享盡，大可懼也。』給諸弟的信上説：『顧影捫心，實深慚悚。』對家中子弟後輩，則敲響切戒驕奢淫佚的警鐘。

原文 不以做官發財不以宦囊遺子孫

温弟天分本高，若能改去蕩佚一路，歸入勤儉一邊，則兄弟之幸也，合家之福也。我待温弟，似乎近於嚴刻，然我自問此心，尚覺無愧於兄弟者，蓋有説焉。

大凡做官的人，往往厚於妻子，而薄於兄弟，私肥於一家，而刻薄於親戚族黨。予自三十歲以來，即以做官發財爲可恥，以宦囊積金遺子孫爲可羞可恨，故私心立誓，總不靠做官發財，以遺後人。神明鑒臨，予不食言。此時侍奉高堂，每年僅寄些須，以爲甘旨之佐。族戚中之窮者，亦即每年各分少許，以盡吾區區之意。蓋即多寄家中，而堂上所食所衣，亦不能因而加豐，與其獨肥一家，使戚族因怨我而並恨堂上，何如分潤戚族，使戚族戴我堂上之德，而更加一番欽敬乎！將來若作外官，禄入較豐，自誓除廉俸之外，不取一錢。廉俸若日多，則周濟親戚族黨者日廣，斷不蓄積銀錢爲兒子衣食之需。蓋兒子若賢，則不靠宦囊，亦能自覓衣食；兒子若不肖，則多積一錢，渠將多造一孽，後來淫佚作惡，必且大玷家聲。故立定此志，决不肯以做官發財，决不肯留銀錢與後人。若禄入較豐，除堂上甘旨之外，盡以周濟親戚族黨之窮者。此我之素志也。

至於兄弟之際，吾亦惟愛之以德，不欲愛之以姑息。教之以勤儉，勸之以習勞守樸，愛兄弟以德也。豐衣美食，俯仰如意，愛兄弟以姑息也。姑息之愛，使兄弟惰肢體，長驕氣，將來喪德虧行，是即我率兄弟以不孝也，吾不敢也。我仕宦十餘年，現在京寓所有，惟書籍衣服二者。衣服則當差者必不可少，書籍則我生平嗜好在此，是以二物略多。將來我罷官歸家，我夫婦所有之衣服，則與五兄弟拈鬮均分。我所辦之書籍，則存貯『利見齋』中，兄弟及後輩，皆不私取一本。除此二者，予斷不別存一物以爲宦囊，一絲一粟不以自私。此又我待兄弟之素志也。

譯文

温弟的天資本來就高，若能從放蕩回歸到勤儉，則是兄弟們的幸事，全家的福氣。我對待温弟，好像有點嚴刻，但我自問心裏無愧於兄弟，我把我的想法説給大家聽聽吧。

大多數做官的人，往往厚待妻與子，而薄待兄與弟，對自己家裏私肥，而對親戚族黨刻薄。我自三十歲以來，便以做官發財爲可恥，以宦囊積金遺子孫爲可羞可恨，故而自己在心中立誓，總不靠以做官發的財來遺留後人。請神明來做監督，我決不食言。現在要侍奉長輩，每年僅僅寄一些銀子，作爲他們日常開支的輔佐。族戚中的貧窮者，也每年各分得一點，以盡我小小的心意。這是因爲多寄錢給家中，而長輩們所吃所穿的，也不能因此而更加豐裕，與其獨肥一家，使得戚族因此怨恨我而一併怨恨長輩，何不分潤戚族，使戚族感戴長輩們的恩德，而更增加一份欽敬呢？將來若做地方官，俸禄較多，自己發誓除養廉費和俸禄外不收取一文錢。養廉費和俸禄若日漸增多，則周濟親戚族黨的人也日漸擴大，斷不積蓄銀錢給兒子在穿衣喫飯方面的花費。這是因爲，兒子若是賢良，則不依靠我的官俸，也能自己找到飯喫；兒子若不賢良，則多積蓄一分錢，他們將多造一分孽，將來驕奢淫佚做壞事，必定大大玷污家族名聲。故而立定這個志向，決不以做官來求取發財，決不留下銀錢給後人。儻若俸禄收入較爲豐裕，除滿足長輩的日常開支外，全部拿出來周濟親戚族黨中的貧窮者。這是我素來的志向。

至於兄弟之間，我也是惟有以德來相愛，不想以姑息來相愛。以勤儉來教導，以習勞守樸來規勸，這是以德愛兄弟；好衣好食，一切滿足，這是以姑息來愛兄弟。這種姑息之愛，使得兄弟肢體懶惰，驕氣滋生，將來使得德行虧喪。這便是我帶領兄弟於不孝，我不敢做這種事。我做官十多年，現在京師家中所有惟書籍與衣服兩種。衣服，這是因爲當差必不可少；書籍，這是我平生所嗜好的物品。故而這兩種略多些。將來我罷官回家，我夫婦所有的衣服，則與五兄弟拈鬮平均分配。我所買的書籍，則存放在『利見齋』裏，兄弟以及各輩子弟都不得私自拿一本。除這兩種外，我斷不保存一樣物品作爲自己的財産，一絲一粟不用來自私。這也是我對待兄弟一向的志願。

評點

道光二十九年三月，曾氏給諸弟寫了一封長信，這段話即此信的核心部分。

道光二十五年九月，曾氏的四弟澄侯、六弟温甫結伴來到京城，在大哥家讀書。第二年十月，爲使祖母在八十壽辰前看到誥封，澄侯提前離京回家，温甫則依舊留在京城。

曾氏花錢爲温甫捐了個監生，以便在京參加直隸鄉試，結果未中。二十八年正月，温甫去另一京官家做塾師，十月離京回家。温甫在京城住了三年，功名上無任何長進，心中滿是牢騷，揚言進家門之前先買一個猪肚子蒙面。又説他的功名不利是因爲家中無悍厲之婦的緣故，暗示大嫂悍厲。可知他在京師三年，與大哥家相處亦不太和諧。這段話的一開頭就説『我待温弟近於嚴刻』，大約便是針對温甫的不滿而言。

這段文字中最值得注意的是曾氏所説的『以做官發財爲可恥，以宦囊積金遺子孫爲可羞可恨』兩句話。曾氏晚年曾説過，他一生的積蓄祇有兩萬兩銀子。對於一個帶兵多年的軍事統帥、一個做了十多年總督的封疆大吏來説，曾氏可謂一個積蓄甚少的人。他用他的事實履行了自己的諾言。

原文　孝友之家可綿延十代八代

吾細思凡天下官宦之家，多祇一代享用便盡。其子孫始而驕佚，繼而流蕩，終而溝壑，而慶延一二代鮮矣。商賈之家，勤儉者能延三四代；耕讀之家，謹樸者能延五六代；孝友之家，則可以綿延十代八代。我今賴祖宗之積纍，少年早達，深恐其以一身享用殆盡，故教諸弟及兒輩，但願其爲耕讀、孝友之家，不願其爲仕宦之家。

譯文

我仔細想過，大凡天下官宦之家，多祇一代便將福分享用完了。他們的子孫開始驕佚，接下來便四處流蕩，最後死無葬身之地，福分延至一二代的很少。商賈之家，勤儉的則可將福分延至三四代；耕讀之家，謹樸者能將福分延至五六代，孝友之家則可將福分綿延到十代八代。我現在靠着祖宗的積纍，年紀輕輕便得到功名，深恐自己一個人將祖宗的積纍享用盡，故而教導諸弟及兒輩，但願爲耕讀之家、孝友之家，不願爲仕宦之家。

評點

曾氏列出四種家庭，即官宦之家、商賈之家、耕讀之家及孝友之家。其實，官宦、商賈、耕讀，指的是家庭賴以生存的收入來源，孝友指的是家庭內部的倫理和諧。它不宜與前三種並列爲一種家庭形式。理論上説，孝友可在官宦、商賈家中體現，也可在耕讀家中體現，但事實上，權、錢易於使人墮落，故而孝友在官家商家中少見，家貧則反而易出孝子。如果家庭內部真正做到了孝友，無論是官是商，還是耕讀，家中的福分都是可以多綿延幾代的。

原文　喫苦與不留錢財給子孫

與季高、次青鬯談，夜又與季高久談。季高言凡人貴從喫苦中來，又言收積銀錢貨物，固無益於子孫，即收積書籍字畫，亦未必不爲子孫之累云云，多見道之語。

譯文

與左季高、李次青暢談。夜裏又與季高久談。季高説凡人可貴的是經歷過苦，積蓄銀錢貨物，固然無益於子孫，即便是收藏書籍字畫，也未必不爲子孫的牽累等等，多是有道理的話。

評點

咸豐九年底，左宗棠因樊燮一案離湘北上，次年閏三月下旬來到曾氏所在的宿松軍營，在營中住了二十多天。曾氏與左幾乎天天見面談話，這二十多天是曾左兩人一生中關係最爲密切的一段時期。在人要有吃過苦的階段以及不留銀錢財富給子孫這兩點上，曾左兩人的看法完全吻合。這兩點『見道之語』很值得今人體味。

原文　以勤儉教導新媳婦

紀澤兒授室太早，經書尚未讀完。上溯江太夫人來嬪之年，吾父親亦係十八歲，然常就外傅讀書，未久躭擱。紀澤上繩祖武，亦宜速就外傅，慎無虛度光陰。聞賀夫人博通經史，深明禮法。紀澤至岳家，須緘默寡言，循循規矩。其應行儀節，宜詳問諳習，無臨時忙亂，爲岳母所鄙笑。

新婦始至吾家，教以勤儉。紡織以事縫紉，下厨以議酒食。此二者，婦職之最要者也。孝敬以奉長上，温和以待同輩。此二者，婦道之最要者也。但須教之以漸。渠係富貴子女，未習勞苦，由漸而習，則日變月化，而遷善不知；若改之太驟，則難期有恒。

新婦初來，宜教之入厨作羹，勤於紡織，不宜因其爲富貴子女，不事操作。大、二、三諸女，已能做大鞋否？三姑一嫂，每年做鞋一雙寄余，各表孝敬之忱，各争針黹之工。所織之布，做成衣襪寄來。余亦得察閨門以内之勤惰也。

譯文

紀澤兒結婚太早，經書尚未讀完。上溯到江太夫人過門的時候，我的父親也是十八歲，但經常出門跟從外面的師傅讀書，没有過多躭擱。紀澤要以祖父爲榜樣，也宜趕早去隨外面的師傅讀書，慎無虛度光陰。聽説賀夫人博通經史，深明禮法。紀澤到岳母家必須沉默寡言，循規蹈矩，應該照行的禮儀，要詳細詢問熟習，不可臨時忙亂，爲岳母所鄙薄譏笑。

新媳婦剛到我家，以勤儉治家來教育她。親自紡織縫紉，親自下厨房整治酒食。這兩點，是婦職中的最重要部分。對長輩孝敬，對同輩温和。這兩點，是婦道中的最重要部分。但必須逐漸來教導。她是富貴家庭中的女兒，未習勞苦，漸漸地熟悉，則每一天每一個月都有變化，從而不知不覺地予以遷善；若改變的速度太快，則難以期望她持之以恒。

新媳婦初來，宜教她下厨房做飯菜，勤於紡織，不宜因爲她是富貴家的女兒，便不讓她親自動手。大女、二女、三女，已經能做大人的鞋子了嗎？三姑一嫂，每年做鞋子一雙寄給我，各人表達自己的孝敬心意，互相之間競争針綫工夫的高下。自己織的布，做成衣襪寄給我。我也可以藉此檢查閨門中的勤與惰。

評點

咸豐六年三月，虛歲十八歲的曾家長孫紀澤結婚，娶的是長沙城裏的賀氏。賀氏是做過雲貴總督的賀長齡的庶出女。賀長齡已去世六七年，賀家自然冷落了許多，但仍然是長沙城裏的富貴大家。衹是賀氏命薄，第二年便因難産去世。

讀者先前衹看到曾氏對子弟的要求，這裏可見出曾氏對女兒及媳婦的要求。曾氏還要夫人以身作則，故而歐陽夫人貴爲總督府裏的内當家，也親自紡紗織布，倡導勤儉家風。

原文　和氣致祥乖氣致戾

去年在家，因小事而生嫌釁，實吾度量不閎，辭氣不平，有以致之，實有愧於爲長兄之道。千愧萬悔，夫復何言？

去年我兄弟意見不和，今遭温弟之大變，和氣致祥，乖氣致戾，果有明徵。嗣後我兄弟當以去年爲戒，力求和睦。

禍福由天主之，善惡由人主之。由天主者無可如何，祇得聽之。由人主者，盡得一分算一分，撐得一日算一日。吾兄弟斷不可不洗心滌慮，以求力挽家運。第一，貴兄弟和睦。去年兄弟不和，以致今冬三河之變，嗣後兄弟當以去年爲戒。凡吾有過失，澄、沅、洪三弟，各進箴規之言，余必力爲懲改。三弟有過，亦當互相箴規而懲改之。第二，貴體孝道。推祖父母之愛以愛叔父，推父母之愛以愛温弟之妻妾兒女，及蘭、蕙二家。又，父母墳域必須改葬，請沅弟作主，澄弟不可過執。第三，要實行勤、儉二字，内間妯娌不可多寫鋪賬，後輩諸兒須走路，不可坐轎騎馬，諸女莫太懶，宜學燒茶煮菜。書、蔬、魚、猪，一家之生氣；少睡多做，一人之生氣。勤者生動之氣，儉者收斂之氣。有此二字，家運斷無不興之理。余去年在家未將此二字切實做工夫，至今愧恨，是以諄諄言之。

譯文

去年在家時，因小事而導致兄弟間生嫌隙，實在是我的度量不寬廣，口氣不平和，因而出現這種事，實在是有愧於做大哥的道理。千愧萬悔，還有什麽可説的呢？

去年我們兄弟之間意見不和，現在遭遇温甫弟的大變故。和氣招致吉祥，乖氣招致罪戾，果然有明確的見證。以後我們兄弟當以去年爲戒，力求和睦。

禍與福是由天來做主的，善與惡是人來做主的。由天做主的，人則無可奈何，祇得聽之，由人做主的，則做到一分是一分，撐得一天算一天。我們兄弟斷然不可不洗去焦慮，以求得力挽家運。第一，貴在兄弟和睦。去年裏兄弟不和，以致招來今冬三河之變，以後兄弟當以去年爲戒。凡是我有過失，澄侯、沅甫、季洪三弟每人都進規勸之言，我務必竭力改正。三位弟弟有過失，也應當互相規勸而改正。第二，貴在力行孝道。將對祖父母的愛推及到叔父身上，將對父母的愛推及到温甫弟的妻妾兒女身上，以及國蘭、國蕙兩家。再者，父母的墳塋必須改葬，請沅甫弟做主，澄侯弟不要太固執了。第三，要實行勤儉二字。妯娌的用度不可太鋪張，後輩各兒郎都要以步當車，不可坐轎騎馬。各女兒不要太懶，宜學會燒菜煮茶。書、蔬、魚、猪，體現一個家庭的生氣，少睡多做，體現一個人的生氣。勤是生動之氣，儉是收斂之氣。做到這兩個字，家運斷没有不興旺的道理。我去年在家没有將這二字切實做到，至今慚愧悔恨，故而諄諄告誡你們。

評點

咸豐七年二月，曾氏父親病逝於家，曾氏立即率諸弟回家守喪。咸豐八年六月，他再次奉旨出山。這年十月，李續賓、曾國華統率的湘軍中的一支勁旅，被太平軍大敗於安徽三河鎮。六千湘軍幾乎全部死在三河，李續賓未能幸免，而打掃戰場時，却並未看到曾國華的屍體，直到三個月後，纔尋到曾國華没有頭的屍體。曾氏連同他的三個弟弟都在軍營，老六是第一個死在戰場的曾家子弟，對湘鄉曾氏老宅而言，這是一個重大的變故。作爲湘軍的最高統帥，作爲曾氏家族的掌門人，曾氏心中自然十分悲痛。這三段話便出自咸豐八年底的家信。面臨家門的大不幸，曾氏的應對方法是，一檢查自己的不是，二藉此整頓家政，强調和、孝、勤、儉對家庭的重要性。

原文　家庭不可説利害話

居家要勤儉。吾家後輩子女，皆趨於逸慾奢華，享福太過，將來恐難到老。嗣後諸男在家勤灑掃，出門莫坐轎，諸女學洗衣，學煮菜燒茶。少勞而老逸猶可，少甘而老苦則難矣。至於家中用度，斷不可不分。凡吃藥染布，及在省在縣託買貨物，若不分明，則彼此以多爲貴，以奢爲尚，漫無節制，此敗家之氣象也！

運氣不來，徒然慪氣，幫人則委曲從人，尚未必果能相合，獨立則勞心勞力，尚未必果能自立。如真能受委曲，能吃辛苦，則家庭亦未始不可處也。

沅弟信言家庭不可説利害話。此言精當之至，足抵萬金。余生平在家在外，行事尚不十分悖謬，惟説些利害話，至今悔憾無極。

譯文

居家過日子要勤儉。我家後輩子女都往逸慾奢華方向走，享福太過頭了，將來恐難一直好到老。以後，每個男人在家要勤灑掃，出門不要坐轎，每個女人要學洗衣，學煮菜燒茶。少年勞苦而老來安逸還可以，少年甘甜而老來受苦則難了。至於家中開支，决不可不分開。凡是喫藥染布，以及在省城縣城託人買貨物，若是不分開，則彼此之間以多爲貴，以奢華爲時尚，漫無節制，這是敗家的氣象。

運氣没有來到時，祇能是白白地慪氣，幫助別人即使委曲順從人家，尚且不一定就能很好合作，自己獨自做事，則勞心勞力，尚且不一定真能自立。如果真能受得了委曲，能喫得了辛勞，則在家中未必就不能安然相處。

沅弟信上説家庭中不可以説傷感情的話，此言非常精當，足以抵萬兩黄金。我生平在家也好在外也好，做事尚且不很錯謬，祇是容易説些傷感情的話，至今悔恨無極。

評點

曾氏父親在時，曾氏諸兄弟並未分家，仍在一個大家庭中過日子。查曾氏咸豐十年正月二十四日給澄弟沅弟信，其中有這樣的話：『沅弟信中有分關田單，一一讀悉。我於家中毫無補益而得此厚産，亦惟學早三爹頻稱多多謝而已。』可知咸豐九年底，曾氏兄弟在友好的氣氛中分了家。在此之前，三兄弟數十口人生活在一起，難免因攀比而引發一些矛盾，於是曾氏在咸豐八年十一月的一封家信中提出部分開支分開的辦法。

兄弟姐妹之間吵架，是世間常事，但畢竟是手足之親，血脈相連，俗話說打斷骨頭連着筋。所以，再怎麽爭吵也不要說『利害話』即傷感情話。這的確是很重要的一點。據曾氏小女兒紀芬在《崇德老人自訂年譜》中的『咸豐七年』一節中說：『初，黄金堂之宅相傳不吉，賀夫人即卒於是，其母亦卒於是。忠襄夫人方有身，惡之，延巫師禳祓。時文正丁艱家居，心殊憂鬱，偶晝寢，聞其擾，怒斥之。未幾，忠襄遂遷居焉。』曾紀芬晚年述往事，在咸豐七年這一年中什麽事都不記，惟獨記下這件事，可見曾氏與老九夫人當時的爭吵鬧得很大，造成的後果是没有多久老九一家便遷出老宅另擇居處。此事在曾氏心中也留下很重的陰影，以至於他一再檢討，這次又說『至今悔憾無極』。

原文　不求好地但求平安

不求好地，但求平安。『洪夏』之地，余心不甚願。一則嫌其經過之處，山嶺太多；一則既經爭訟，恐非吉壤。地者，鬼神造化之所秘惜，不輕予人者也。人力所能謀，祇能求免水、蟻、凶煞三

事，斷不能求富貴利達。明此理，絶此念，然後能尋平穩之地；不明此理，不絶此念，則並平穩者亦不可得。

吾鄉僻陋，眼界甚淺，稍有修造已駭聽聞，若太閎麗，則傳播尤過。苟爲一方首屈一指，即亂世恐難幸免。

改葬先人之事，須將求富求貴之念，消除净盡，但求免水、蟻以妥先靈，免凶煞以安後嗣而已。若存一絲求富求貴之念，則必爲造物鬼神所忌。以吾所見所聞，凡已發之家，未有續尋得大地者。

譯文

不求好地，但求能保平安。『洪夏』這塊地，我心裏很不願意要。一則嫌它經過之處，山嶺太多；一則這塊地有過爭吵訴訟，恐怕不是吉地。説到地，這是鬼神造化特别秘惜之物，是不輕易給人的。人力所能圖謀的，祇能求得免去水淹、蟻蛀以及易遭凶煞三件事，斷不能求取富貴利達。明白這個道理，絶去這個念頭，然後纔能尋到平穩之地；不明白這個道理，不絶去這個念頭，則連平穩之地也不可能得到。

我們的家鄉地處偏僻，人的眼界特别淺，稍微有點大的建設便已駭聽聞，若是太宏大壯麗，則傳播更厲害。儻若爲地方上的第一關注對象，在亂世中則就難得幸免災難了。

改葬先人這件事，必須將求富求貴的念頭消除乾凈，但求得能免去水淹、免遭蟻蛀，以使先人靈魂安妥，免去凶煞讓後人能平平安安就行了。若存一絲一毫求富求貴的念頭，則必將爲造物及鬼神所忌恨。以我的所見所聞來看，凡是已經發達的家庭，並沒有繼續尋到極好地的。

評點

咸豐八年十月，曾國荃從江西前綫回到老家。老九此次回家要辦兩件大事，一是改葬父母，二是爲自己的小家建新房子。關於曾氏父母的葬地，咸豐七年也即在守父喪期間，曾氏幾兄弟之間有過爭論。老六强烈主張將母親棺木取出，與父親合葬於另一塊地上，老四則堅決不同意。曾氏的態度如何，未見明確文字記載，以他一貫的個性推測，大約是贊同老四的觀點，所以改葬一事未果。待到咸豐八年十月三河之變發生，曾氏的觀點完全改變了，確信必須改葬，於是勸老四放棄陳見，老四當然也不能再堅持了。老九於是肩負這件家族重任。改葬首在擇地。第一、第三段講的便是曾氏對擇地一事的看法。

老九將自己要砌的房子，畫了個圖樣送給大哥看，曾氏認爲規模太大了。咸豐九年元旦，曾氏在給諸弟的家信中也談到對起屋的看法：『我家若太修造壯麗，則沅弟必爲衆人所指摘，且亂世而居華屋廣厦，尤非所宜。』

原文　治家八字訣

家中一切，自沅弟去冬歸去，規模大備，惟書、蔬、魚、猪及掃屋、種竹等事，係祖父以來相傳家法，無論世界之興衰，此數事不可不盡心。

凡屋高而天井小者，風難入，日亦難入，必須設法祛散濕氣，乃不生病。至囑至囑。

余與沅弟論治家之道，一切以星岡公爲法，大約有八字訣，其四字，即上年所稱『書、蔬、魚、猪』也，又四字，則曰『早、掃、考、寶』。早者，起早也；掃者，掃屋也；考者，祖先祭祀，敬奉顯考、王考、曾祖考，而妣可該也；寶者，親族鄉里，時時周旋，賀喜弔喪，問疾濟急。星岡公嘗曰：『人待人，無價之寶也。』星岡公生平於此數端，最爲認真，故余戲述爲八字訣曰書、蔬、魚、猪、早、掃、考、寶也。

譯文

家中的一切，自從沅弟去年冬天回去後規模大爲完備，惟有讀書、種蔬菜、養魚、養猪以及掃屋、種竹子等事，是祖父以來相傳的家法，無論世界是興是衰，這幾件事都不可不盡心。

凡房屋高而天井小的，風難吹進來，陽光也難照進來，必須設法驅散濕氣，纔不會生病。至囑至囑。

我與沅弟談論治家之道，應一切以星岡公爲榜樣，大約有八字口訣，其中四個字，即上年所說的『書、蔬、魚、猪』，還有四個字，那就是『早、掃、考、寶』。所謂早，即起床早。所謂掃，即打掃庭院。所謂考，即對祖先的祭祀，敬奉父親、祖父、曾祖父，用一個『考』字，『妣』也包括在內。所謂寶，即親族鄰里，要時時周旋，賀喜弔喪，詢問疾病，救濟危難。星岡公曾說過：『人與人之間的好好相處，這是無價之寶。』星岡公一生對這幾件事最爲認真，故而我戲稱爲八字訣，叫做書、蔬、魚、猪、早、掃、考、寶。

評點

曾氏一再稱他的治家之道是從他的祖父星岡公那裏學來的，相信他說的是事實。不過筆者認爲，曾氏對乃祖的家法在繼承的基礎上一定有許多發展與提高，至少他加以條理化、系統化、理論化了。這八字訣就是其中一個典型例子。

原文　情意宜厚用度宜儉

家中之事，望賢弟力爲主持，切不可日趨於奢華。子弟不可學大家口吻，動輒笑人之鄙陋，笑人之寒村，日習於驕縱而不自知。至戒至囑。

照料家事，總以儉字爲主，情意宜厚，用度宜儉。此居家居鄉之要訣也。

當此大亂之世，興造過於壯麗，殊非所宜，恐劫數未滿，或有他慮。弟與邑中諸位賢紳熟商。去年沅弟起屋太大，余至今以爲隱慮。此事又係沅弟與弟作主，不可不慎之於始。弟向來於『盈虛消長』之機，頗知留心，此事亦當三思。至囑至囑。

譯文

家中的事情，希望賢弟竭力主持，切不可日趨於奢侈華麗，子弟不可以學大家族人說話的口氣，動輒笑別人鄙陋，笑別人寒酸，每天習慣於驕縱而自己卻不知道。至囑至囑。

照料家中的事，總要以儉字爲主。情意上宜厚實，花銷上宜省儉。這是在家裏過日子在鄉村裏過日子的要訣。

處在現在這個大亂的世道中，修建房屋過於壯麗，很不適宜，恐怕我們遭遇的劫數還未滿期，或許還會有別的憂慮。弟與地方上的各位賢良紳士仔細商量。去年沅弟砌屋太大，我至今認爲這是一個隱慮。這件事又是沅弟與弟做的主，不可不在一開始時便慎重。弟一向對於『盈虛消長』這個機奧頗爲留心，此事也應當三思。至囑至囑。

評點

曾氏苦口婆心，不惜一而再，再而三，三而四，甚至幾乎在每封信中都說要省儉莫奢華，但家中的幾個弟弟似乎並沒有聽進去多少，一個個我行我素。老九起了一個宏大壯麗的新居，名曰大夫第。大哥一再規勸要謹防外人議論，老九卻一點也不在乎，說『外間訾議，沅自任之』。老九的這種態度，倒是讓老四很欣賞，他接下來就學樣，也起了一座閎麗的新居，名曰萬誼堂。在以後的歲月中，老么和已故去的老六家都大興土木，老么起新宅名曰有恒堂，老六家則翻修白玉堂。到了同治五年，在歐陽夫人的主持下，曾氏家也花費七千串錢起了一座氣魄不凡的大宅院，名曰富貴堂。曾氏本人對此也無可奈何，祇能在家信中表示一下自己的態度：『富圫修理舊屋，何以花錢至七千串之多？即新造一屋，亦不應費錢許多。余生平以大官之家買田起屋爲可愧之事，不料我家竟爾行之。』（同治六年二月十三日致紀澤）

由此可知，即便有曾氏這樣的家長在時時刻刻提醒，對於一個有權有勢的家庭來說，要真正地去奢從儉，的確是一件很難的事。

原文　勤苦爲體謙遜爲用

余在京十四年，從未得人二百金之贈，余亦未嘗以此數贈人。雖由余交遊太寡，而物力艱難，亦可概見。余家後輩子弟，全未見過艱苦模樣，眼孔大，口氣大，呼奴喝婢，習慣自然，驕傲之氣，入於膏肓而不自覺。吾深以爲慮。前函以傲字箴規兩弟，兩弟不深信，猶能自省自惕。若以傲字告誡子侄，則全然不解。蓋自出世以來，祇做過大，並未作過小，故一切茫然，不似兩弟做過小，喫過苦也。

教訓後輩子弟，總以勤苦爲體，謙遜爲用，以藥佚驕之積習，餘無他囑。

總怕子侄習於驕、奢、佚三字，家敗離不得個奢字，人敗離不得個佚字，討人嫌離不得個驕字。

子侄須教一勤字一謙字。謙者驕之反也，勤者佚之反也。驕奢淫佚四字，惟首尾二字，尤宜切戒！至諸弟中外家居之法，則以考、寶、早、掃、書、蔬、魚、猪八字爲本，千萬勿忘。

譯文

我在京城住了十四年，從來沒有得過別人二百兩銀子的饋贈，我也沒有送過二百兩銀子給別人，雖然是因爲我的交遊太少，而銀錢上的艱難也由此可以見一個大概。我家後輩子弟，完全沒有見過艱苦時的樣子，眼界大，口氣大，呼奴喝婢，已成習慣自然，驕傲之氣，已進入膏肓而不自知，我深以爲憂慮。前次信中以傲字規勸兩弟，兩弟雖然不深信，但還是能以此自我反省警惕。若是以傲字教育子侄，他們則完全不能理解。這是因爲他們從出生以來，便祇做過人上人，而沒做過人下人，故而對世事一切都茫然不懂，不像兩弟做過人下人，喫過苦。

教訓後輩子弟，總是要告訴他們勤苦是人的根本，與人打交道則要謙遜，藉以醫治懶散驕傲的積習，其他則没有别的囑咐了。

我總是害怕子侄習慣於驕、奢、佚三個字。家敗則離不開一個奢字，人敗則離不開一個佚字，使人覺得不愉快離不開一個驕字。

對於子侄，必須將一個勤字一個謙字教給他們。謙是驕傲的反面，勤是懶散的反面。驕奢淫佚四個字，惟有首尾兩個字尤其要切切戒除。至於諸弟對内對外治家之法，則以考、寶、早、掃、書、蔬、魚、猪八個字爲根本，千萬不要忘記。

評點

咸豐十年四月，朝廷命曾氏署理兩江總督。這年六月下旬，曾紀澤由湖南來到安徽祁門，探視駐節此地的父親。九月初，曾氏命紀澤先到安慶，看望正率軍圍城的九叔國荃和幺叔國葆，然後再回湘。離祁門時，曾氏送紀澤二百兩銀子，離開安慶時，國葆又送給侄兒一大筆錢。十月初四，曾氏給兩弟寫信，説贈紀澤的銀錢太多，於是引出『在京十四年從未得人二百金之贈』的一段話來。曾氏時刻當心家中因權勢的增加而日趨驕奢，尤其是後輩子侄，從未有過艱苦的經歷，反倒是一生下來就被衆人捧着擡着，以至於『驕傲之氣入於膏肓而不自覺』。我們讀這幾段家信，真感覺到曾氏在千叮嚀萬囑咐。

原文　**不信補藥僧巫地仙**

吾祖星岡公在時，不信醫藥，不信僧巫，不信地仙。此三者，弟必能一一記憶。今我輩兄弟，亦宜略法此意，以紹家風。

合家大小老幼，幾於無人不藥，無藥不貴，迨至補藥吃出毛病，則又服涼藥以攻伐之，陽藥吃出毛病，則又服陰藥以清潤之。展轉差誤，不至大病大弱不止。

地仙、僧巫二者，弟向來不甚深信，近日亦不免爲習俗所移。以後尚祈卓識堅定，略存祖父家風爲要。天下信地信僧之人，曾見有一家不敗者乎？

譯文

我的祖父星岡公在世時，不信醫藥，不信僧巫，不信地仙，這三點，弟想必能一一有記憶。現在我輩兄弟，也應該略微做法祖父，以接續家風。

全家大小老幼，幾乎無人不吃藥，無藥不貴，待到吃補藥吃出毛病，則又服涼藥來調和，補陽的藥吃出毛病了，又吃補陰的藥來加以清潤。就這樣反覆失誤，不到身體大病大弱不停止。

地仙、僧巫兩類人，弟一向不很相信，近來也不免爲習俗所改變，以後還希望堅定自己的正確認識，略微保存祖父所開創的家風爲重要。天下相信地仙僧巫的人，能看到其中有一家不失敗嗎？

評點

湖南人稱以看風水尋好地爲職業的人爲地仙。此處將僧巫合稱，指的是這樣一類人：作法事超度亡靈的和尚，作道場消災祈福的道士，以及裝神弄鬼推測占卜的巫婆。至於此處所講的醫藥，看來主要指補藥。曾氏的祖父不相信地仙、僧巫、補藥，曾氏本人也不相信，他希望家裏人都不要相信。

原文　不非笑人少坐轎

凡畏人不敢妄議論者，謙謹者也；凡好譏評人短者，驕傲者也。諺云：『富家子弟多驕，貴家子弟多傲。』非必錦衣玉食，動手打人而後謂之驕傲也，但使志得意滿，毫無忌畏，開口議人短長，即是極驕極傲耳！余正月初四信中，言戒驕字，以不輕非笑人爲第一義；戒惰字，以不晏起爲第一義。望弟常常猛省，並戒子侄也。

家中兄弟子侄，惟當記祖父之八個字，曰考、寶、早、掃、書、蔬、魚、猪，又謹記三不信，曰不信地仙、不信醫藥、不信僧巫。余日記册中，又有八本之説，曰讀書以訓詁爲本，作詩文以聲調爲本，事親以得歡心爲本，養生以戒惱怒爲本，立身以不妄語爲本，居家以不晏起爲本，作官以不要錢爲本，行軍以不擾民爲本。

家中無論老少男婦，總以習勤勞爲第一義，謙謹爲第二義。勞則不佚，謙則不傲，萬善皆從此生矣。

大抵富貴人家氣習，禮物厚而情意薄，使人多而親到少。吾兄弟若能彼此常常互相規誡，必有裨益。

傲爲凶德，惰爲衰氣，二者皆敗家之道。戒惰莫如早起，戒傲莫如多走路，少坐轎。望弟留心儆戒。

譯文

凡是對别人心存畏懼不敢隨便議論的人，是謙謹者；凡喜歡譏評别人短處的人，是驕傲者。諺語説：『富家子弟多驕奢，貴家子弟多傲慢。』不一定錦衣玉食，動手打人之後纔能説是驕傲，祇要是志得意滿，毫無畏懼之心，開口便譏笑别人的短長，這便是極其驕傲的表現。我在正月初四的信中説到戒除驕字，以不輕易譏笑别人爲第一等重要，戒除惰字，以不晚起床爲第一等重要。希望弟能常常猛然省悟，並以此爲子侄之戒。

家中的兄弟子侄，惟一要記住的是祖父的八個字，叫做考、寶、早、掃、書、蔬、魚、猪，還要謹記三個不信，叫做不信地仙，不信醫藥，不信僧巫。我的日記中，還有八本之説，叫做讀書以訓詁爲本，作詩文以聲調爲本，侍奉雙親以得歡心爲本，養生以戒惱怒爲本，立身以不妄語爲本，居家以不晚起床爲本，做官以不貪污爲本，行軍以不擾民爲本。

家中無論老少男女，總要以習慣於勤勞爲第一重要，以謙謹爲第二重要。勤勞則不會放蕩，謙謹則不會驕傲，萬種善性都從這裏生發。

大致説來，富貴人家的習氣是禮物上表現得隆厚，但情意上却顯得淡薄，打發别人送禮慰問的多，而自己親自到場的少。我們兄弟若是能彼此常常互相規勸告誡，必定有所裨益。

驕傲爲帶來凶險的品性，懶惰則使氣象衰落，這兩點都將導致家敗。戒除懶惰則不如早起床，戒除驕傲則不如多走路，少坐轎。希望弟留心對自己加以戒備。

評點

前面説到曾氏常給人指引從此岸到彼岸的津渡。這裏所抄録的幾段話中又有兩處新的津渡，一是不輕非笑人是戒驕的津渡，一是多走路少坐轎是戒傲的津渡。

原文　不待天概人概先自概

日中則昃，月盈則虧，吾家亦盈時矣。管子云：『斗斛滿，則人概之；人滿，則天概之。』余謂天之概無形，仍假手於人以概之。霍氏盈滿，魏相概之，宣帝概之；諸葛恪盈滿，孫峻概之，吴主概之。待他人之來概而後悔之，則已晚矣。

吾家方豐盈之際，不待天之來概，人之來概，吾與諸弟當設法先自概之。自概之道云何？亦不外清、慎、勤三字而已。吾近將清字改爲廉字，慎字改爲謙字，勤字改爲勞字，尤爲明淺，確有可下手之處。

沅弟昔年於銀取與之際，不甚斟酌，朋輩之譏議菲薄，其根實在於此。去冬之買犁頭嘴、栗子山，余亦大不謂然，以後宜不妄取分毫。不寄銀回家，不多贈親族，此廉字工夫也。謙之存諸中者不可知，其著於外者約有四端，曰面色，曰言語，曰書函，曰僕從屬員。沅弟一次添招六千人，季弟並未稟明，徑招三千人，此在他統領所斷做不到者。在弟尚能集事，亦算順手。而弟等每次來信，索取帳棚子藥等件，常多譏諷之詞、不平之語，在兄處書函如此，則與别處書函更可知已。沅弟之僕從隨員，頗有氣焰，面色言語，與人酬接時，吾未及見，而申夫曾述及往年對渠之詞氣，至今歉憾。以後宜於此四端，痛加克治，此謙字工夫也。每日臨睡之時，默數本日勞心者幾件，勞力者幾件，則知宜勤王事之處無多，更竭誠以圖之，此勞字工夫也。余以名位太隆，常恐祖宗留貽之福，自我一人享盡，故將勞、謙、廉三字，時時自惕，亦願兩賢弟之用以自惕，且即以自概耳。

良田美宅，來人指摘，弟當三思，不可自是。吾位固高，弟位亦實不卑，吾名固大，弟名亦實不小，而猶沾沾培墳墓以永富貴，謀田廬以貽子孫，豈非過計哉？

譯文

太陽到了正午便向西偏斜，月亮到了圓滿時便會虧缺，我們家現在也可以算得上盈滿了。管子說：『斗斛裝滿過頭了，人就會用概來將它抹平；人如果盈滿過頭了，天就會用概來將它抹平。』我說天的概是無形的，它要假人之手來用。霍光盈滿，魏相就來用概抹平，漢宣帝就來用概抹平；諸葛恪盈滿，孫峻就來用概抹平，吳國君主就來用概抹平。等到別人來用概纔後悔，那就晚了。

我們家正處豐盈的時候，不要等到天來用概，別人來用概，我與諸弟想辦法先來自己抹平。自己抹平的辦法在哪裏呢？也不外乎清、慎、勤三個字而已。我近來將清字改爲廉字，將慎字改爲謙字，將勤字改爲勞字，尤其顯得明白淺易，的確有可以做到的地方。

沅弟往年在銀錢收支上考慮不周到，朋輩中的議論指責，它的根源就在這裏。去年冬天買犁頭嘴、栗子山，我也不大以爲然，以後應該不隨便收取分毫。不寄銀錢回家，不多送銀錢給親族，這是廉字上的工夫。謙虛在自己心中存在的程度別人不可知，表現在外的大約有四個方面，即面色、言語、信

函、僕從屬員。沅弟一次增加招勇六千人，季弟沒有向我稟報，就直接招勇三千人，這是其他統領所絕對做不到的事。弟能够辦成這事，可以算是順手。但每次來信，索取帳棚子藥等軍需品時，常常多譏諷之詞與不平之語，給哥哥的信尚且這樣寫，給別人的信函更可想而知。沅弟的僕從隨員都存有氣焰，與人相見時的面色言語我沒有看到，但李申夫曾經說到往年對他的語氣，他至今尚有不滿。以後應該在四個方面痛加整治。這是謙字上的工夫。每天臨睡的時候，默默地在心中數着今天勞心事做了幾件，勞力事做了幾件，則知道勤王公事做得不多，更加要竭誠謀事。這就是勞字上的工夫。我因爲名位太崇隆，常常當心祖宗留下的福分，到我一個人的身上便享盡了，故而將勞、謙、廉三個字時時自我警惕，也願兩位老弟用來自我警惕，並且用它們作爲概來自我抹平。

良田美宅，引來別人指摘，弟應當三思，不可自以爲是。我的地位固然高，弟的地位也確實不低。我的名聲固然大，弟的名聲確實也不小，還這樣自喜於以培植墳墓來求永遠富貴，謀求田地房屋留給子孫，豈不太過分了嗎？

評點

與大哥性格截然相反，老九曾國荃沅甫是個對銀錢大手出進並我行我素不在乎輿情的人，當時被稱爲三如將軍，即殺人如麻，揮金如土，愛才如命。又被稱爲老饕，即特別貪婪者。大概是曾氏聽到許多人都這麼說他的這個沅弟的，故而這兩段話說得比往常都要更具體又更嚴厲。

原文　與地方官相處之法

弟晨起極早，飯後始天明，甚爲喜慰。吾輩仰法家訓，惟早起、務農、疏醫、遠巫四者，尤爲切要！

莫買田産，莫管公事，吾所囑者，二語而已。盛時常作衰時想，上場當念下場時。富貴人家，不可不牢記此二語也。

爲兄弟者，總宜奬其所長而兼規其短。若明知其錯，而一概不説，則非特一人之錯，而一家之錯也。吾家於本縣父母官，不必力讚其賢，不可力詆其非，與之相處，宜在若遠若近、不親不疏之間。渠有慶弔，吾家必到。渠有公事，須紳士助力者，吾家不出頭，亦不躲避。渠於前後任之交代，上司衙門之請託，則吾家絲毫不可與聞。弟既如此，並告子侄輩常常如此。子侄若與官相見，總以謙謹二字爲主。

譯文

弟早晨起床很早，吃完飯後纔天明，我非常高興欣慰。我們以家訓爲準則，惟有早起床、務農活、疏離醫、遠隔巫四點，尤爲切實重要。

不要買田産，不要管公事，我所叮囑的，衹有這兩句話而已。興旺時心中常存有衰敗時怎麼辦的想法，上到臺面時心中常存有下臺時怎麼辦的想法。富貴人家，不可不牢記這兩句話。

作爲兄弟，總是應該表揚長處而兼規勸短處，若是明明知道他有錯誤，而一句話都不説，如此不僅僅是一個人的錯，而是一家的錯。我們家對待本縣的父母官，不必要竭力讚揚他的賢能，不可竭力指摘他的不是，與他相處，宜在不遠不近、不親不疏之間。他家有喜慶有喪事，我們家一定參加。他有公事，需要紳士們幫助的，我們家不出頭，也不躲避。他關於前任與後任的交待事，關於請求去上級衙門幫他説話辦事等，我們家則絲毫不可參與。弟要這樣做，並且告訴子侄輩也要這樣做。子侄們若與官府打交道，總以謙謹兩個字爲主。

評點

不參與地方公事，這是曾氏對家裏的一貫要求，當年曾家老太爺在世時，曾氏便叮囑其父杜門謝客。在家的老四，是個喜歡攬事的人，曾氏時常叫他『莫管公事』。與本縣官府打交道，取一種『若遠若近、不親不疏』的方式，以曾氏家族在當地的處境，這是一種最好的方式。其實，仔細想一想，未嘗不是社會名流與官家相處的一種好狀態！

原文　收嗇與節制

弟之志事，頗近春夏發舒之氣，余之志事，頗近秋冬收嗇之氣。弟意以發舒而生機乃旺，余意以收嗇而生機乃厚。平日最好以昔人『花未全開月未圓』七字，以爲惜福之道、保泰之法莫精於此。曾屢次以此七字教誡春霆，不知與弟道及否？星岡公昔年待人，無論貴賤老少，純是一團和氣，獨對子孫諸侄，則嚴肅異常，遇佳時令節，尤爲凛不可犯，蓋亦具一種收嗇之氣，不使家中歡樂過節，流於放肆也！余於弟營保舉、銀錢、軍械等事，每每稍示節制，亦猶本『花未全開月未圓』之義，至危迫之際，則救焚拯溺，不復稍有所吝矣。

生日在即，萬不可宴客稱慶。此間謀送禮者，余已力辭之，弟在營亦宜婉辭而嚴却之。家門太盛，常存日慎一日而恐其不終之念，或可自保，否則顛蹶之速，有非意計所能及者。

譯文

弟的習性，頗爲接近春夏之間的發舒之氣，我的習性，頗爲接近秋冬之間收嗇之氣。弟的意思是以發舒纔能讓生機旺盛，我的意思是以收嗇纔可以使生機得到培植。平日裏，我最喜愛前人所說的『花未全開月未圓』七個字，認爲惜福、保泰的道理，以此話說得最精彩，曾經多次用這七個字教誡鮑春霆，不知與弟提到否？星岡公從前待人，無論對待貴賤老少，都是一團和氣，獨獨對子孫及諸侄，則異常嚴肅，遇到喜慶日子和節日，尤其凛然不可侵犯，這也是因爲具有一種收嗇之氣，不使得家中在歡樂時過於放肆。我對於弟的軍營中有關保舉、銀錢、軍械等事，每每稍稍表示節制，也是本着『花未全開月未圓』之義，至於危難緊迫時候，那是好比救拯火燒水淹，則不再稍有吝嗇了。

生日快到了，萬萬不可擺宴席請客慶賀。這裏有人想藉此送禮，我已竭力辭謝，弟在軍營也應婉言嚴辭。家門太興盛，常常存着謹慎地度過每一天而擔心不能善終的念頭，或許可以自保，否則垮臺之快，甚至都不能意料到。

評點

關於『花未全開月未圓』這句詩，筆者已在評點曾氏家書中說到，此處不再重複。所錄的這兩段話，說的是曾氏處順境時的恐懼之心，以及用收嗇、節制來求取平衡的應對方式。

原文　有福不可享盡有勢不可使盡

余往年撰聯贈弟，有『儉以養廉，直而能忍』二語。弟之直，人人知之，其能忍，則爲阿兄所獨知；弟之廉，人人料之，其不儉則阿兄所不及料也。以後望弟於儉字加一番工夫，用一番苦心，不特家常用度宜儉，即修造、公費、周濟、人情，亦須有一儉字意思。總之，愛惜物力，不失寒士之家風而已。吾弟以爲然否？

弟家之漸趨於奢華，即因人客太多之故。此後總須步步收緊，切不可步步放鬆。總之，家門太盛，有福不可享盡，有勢不可使盡。人人須記此二語也。

余身體平安，合署內外俱好，惟儉字日減一日。余兄弟無論在官在家，彼此常以儉字相勖，則可久矣。

吾不欲多寄銀物至家，總恐老輩失之奢，後輩失之驕，未有錢多而子弟不驕者也。吾兄弟欲爲先人留遺澤，爲後人惜餘福，除却儉勤二字，別無做法。弟與沅弟皆能勤而不能儉，余微儉而不甚儉。子侄看大眼，吃大口，後來恐難挽回，弟須時時留心。

後輩兄弟，極爲和睦，行坐不離，共被而寢，亦是家庭興旺之象。

新正人客甚多，不似往年軍營光景，余雖力求節儉，總不免失之奢靡。日日以儉字告誡妻子，現略知遵守，亦望吾弟常告内外周知也。

聞家中内外大小，及姊妹親戚，無一不和睦整齊，皆弟連年籌畫之功。願弟出以廣大之胸，再進以儉約之誡，則盡善矣。

後輩體氣，遠不如吾兄弟之强壯。吾所以屢教家人崇儉習勞，蓋艱苦則筋力漸强，嬌養則筋力愈弱也。

儉之一字，弟言時時用功，極慰極慰！然此事殊不易易，由既奢之後而返之於儉，若登天然。即如僱夫赴縣，昔年僅轎夫二名，挑夫一名，今已增至十餘名，欲挽回僅用七八名，且不可得，況挽回三四名乎？隨處留心，牢記有減無增四字，便極好耳。

譯文

我往年撰寫聯語送弟，其中有『儉以養廉，直而能忍』兩句話。弟的直爽，人人都知道；弟的忍耐，則爲做兄長的所獨知。弟的廉潔，人人都能料得到，弟的不節儉則爲做兄長的所不及料。以後希望弟在儉字上還要增加一番工夫，用一番苦心。不衹是日常裏家庭用度要儉樸，即便是修理建造方面、爲公益事出錢、周濟貧困、人情往來，也必須有一個儉字的意識。總之，愛惜物力，不失去寒士的家風而已。賢弟是否同意呢？

弟家之所以漸漸走向奢華，是因爲人客太多的原故，以後總須步步收緊，切不可以步步放鬆。總之，家門太盛了，有福不可以享盡，有勢不可以使盡。人人都要記住這兩句話。

我身體平安，整個官署内外都好，衹有在儉字上是日減一日。我們兄弟無論做官還是做老百姓，彼此經常以儉字互相勉勵，則可以將安寧日子維持久遠。

我不願意多給家裏寄銀錢貨物，總是擔心上輩人失之於奢，後輩人失之於驕，沒有家裏錢多而子弟不驕傲的。我們兄弟希望爲先人留下遺澤，爲後人增添福分，除勤儉兩個字外，沒有別的做法。弟與沅弟都能勤但不能儉，我則稍微能儉但不很儉。至於子侄們，則是眼界大，胃口大，這種狀態以後恐怕難以挽回，弟必須時時留心。

後輩兄弟極爲和睦，行坐都不分離，共一床被子睡覺，這也是家庭興旺的現象。

新年正月裏人客很多，不像往年軍營的光景，我雖然力求節儉，總不免有點奢靡。每天以儉字告誡妻與子，現在大家都稍微知道遵守，也望我的弟弟常常告訴家庭裏裏外外都知道。

聽説家中裏外大大小小，以及姊妹親戚，無一不和睦整齊，都是弟連年籌劃的功勞。願弟以廣闊的胸懷對外應接，又以儉約訓誡家中，那麼則盡善了。

後輩子侄的身體，遠不如我們兄弟的强壯，我之所以屢屢教家人崇儉習勞，是因爲艱苦則筋力日漸强壯，嬌養則筋力日漸虛弱。

儉這個字，弟説時時在用功，極爲欣慰！但此事很不容易，已經奢侈而再返回儉樸，好比登天。比如説僱脚力到縣城，過去祇有轎夫二名，挑夫一名，現在已增加到十多名，想要挽回到七八名，且不可能，何況挽回到三四名呢？隨處留心，牢牢記住祇減不增四個字，便是極好了。

評點

此處所抄録的九段話，都出自於曾氏同治二、三年寫給家裏的信，説的內容歸納起來可以一字概括，即儉。因官位的崇隆及軍事的勝利，曾氏家族不乏地位與金錢，奢侈不但在老四、老六家中已成常態，即便曾氏自己的小家庭，也是日常開支漸趨龐大，這是晚年曾氏所極不願看到的現象，故而在家信中不厭其煩地反覆申述。

原文　門庭太盛非勤儉難久支

余中廳懸八本堂扁，跋云：『養生以少惱怒爲本，事親以得歡心爲本。』弟久勞之軀，當極力求少惱怒。

余於家庭，有一欣慰之端，聞妯娌及子侄輩和睦異常，科一、三、四有姜被同眠之風，甲三、五等亦愛敬兼至，此足卜家道之興，然亦全賴老弟分家時，布置妥善，乃克臻此。

余蒙先人餘蔭，忝居高位，與諸弟及子侄諄諄慎守者，但有二語，曰『有福不可享盡，有勢不可使盡』而已。福不多享，故總以儉字爲主，少用僕婢，少花銀錢，自然惜福矣。勢不多使，則少管閒事，少斷是非，無感者亦無怕者，自然悠久矣。

殊恩異數，萃於一門，祖宗積纍陰德，吾輩食此厚報，感激之餘，彌增歉悚。

余欲上不愧先人，下不愧沅弟，惟以力教家中勤儉爲主。余於儉字，做到六七分，勤字則尚無五分工夫。弟與沅弟於勤字做到六七分，儉字則尚欠工夫。以後各勉其所長，各戒其所短。弟每用一錢，均須三思。

近日家中内外大小，勤儉二字，做得幾分？門第太盛，非此二字，斷難久支。

吾家子侄，人人須以勤儉二字自勉，庶幾長保盛美。觀《漢書》霍光傳，而知大家所以速敗之故，取金日磾、張世安二傳，解示後輩可也。

吾不望代代得富貴，但願代代有秀才。秀才者，讀書之種子也，世家之招牌也，禮儀之旗幟也。

爲人與爲學並進，切戒驕奢二字，則家中風氣日厚，而諸子侄争相磨矣。

譯文

我家中廳懸有八本堂匾，跋語説：『養生以少惱怒爲本，侍奉雙親以得歡心爲本。』弟的身體久經勞累，當極力求得少惱怒。

對於家庭，我有一個感到欣慰之處，即聽説家中妯娌及子侄輩和睦異常，科一與科三、科四有同蓋一被的親熱，甲三與甲五等人也互相敬愛。憑這一點，可看出家道的興旺。之所以能如此，也是全賴着老弟在分家時的妥善佈置。

我蒙受先人的餘蔭，不稱職地居於高位，與諸弟及子侄們所能謹慎把守的，也衹有二句話，即『有福不可以享盡，有勢不可以用盡』而已。福分不多享受，故而總應當以儉字爲主，少用僕婢，少花銀錢，自然就惜福了。勢不多使用，則做到少管閒事，少去斷人家的是非，没有感謝者也没有害怕者，自然日子便悠閒長久。

特殊的恩眷異常的命數，都集於我曾氏一門，祖宗所積纍的陰德，讓我們這一代承受如此的厚報，感激之餘，更增加歉疚恐懼。

我想上不愧於先人，下不愧於沅弟，惟一可做到的是努力教導家中以勤儉爲主。我於儉字，已做到六七分，於勤字則尚無五分工夫。弟與沅弟於勤字則做到六七分，於儉字則尚欠工夫。以後各人勉勵長處，戒除短處。弟每花費一錢，都要三思。

近來家中裏外與大人小孩，在勤儉這兩個字上，做到了幾分？門第太興盛，若不按這兩個字做，興盛局面斷難長久保持。

我家的子侄，人人都必須用勤儉兩個字來自我勉勵，或許可以長保興盛美滿。讀《漢書》中的霍光傳，而後知大家族之所以迅速破敗的原故，可以取出金日磾、張世安兩人的傳給後輩解讀。

我不指望代代都富貴，但願代代都有秀才。所謂秀才，就是讀書的種子，世家的招牌，禮儀中的旗幟。

做人與求學並進，切戒驕奢二字，則家中風氣日益厚重，子侄們都會爭相磨礪。

評點

此處所抄録的這幾段話，均出自於同治三年五、六、七月間曾氏給家中的信。六月十六日，曾老九率領吉字營攻破南京城。那麼五、六、七這三個月，正是大功即將告成及大功已獲的時期。就在這樣的時候，曾氏仍是一貫地將勤、儉、謙、謹這些話告誡子弟。

原文　六分天生四分家教

余與沅弟同時封爵開府，門庭可謂極盛，然非可常恃之道。記得己亥正月，星岡公訓竹亭公曰：『寬一雖點翰林，我家乃靠作田爲業，不可靠他喫飯。』此語最有道理。今亦當守此二語爲命脈，望吾

弟專在作田上用些工夫，輔之以書、蔬、魚、豬、早、掃、考、寶八字，任憑家中如何貴盛，切莫全改道光初年之規模。凡家道所以可久者，不恃一時之官爵，而恃長遠之家規，不恃一二人之驟發，而恃大衆之維持。我若有福，罷官回家，與弟當竭力維持。老親舊眷，貧賤族黨，不可怠慢。待貧者亦與富者一般，當盛時預作衰時之想，自有深固之基矣。

吾兄弟處此時世，居此重名，總以錢少産薄爲妙。一則平日免於覬覦，倉卒免於搶掠；二則子弟略見窘狀，不至一味奢侈。

吾自嘉慶末年至道光十九年，見王考星岡公日日有常，不改此度，不信醫藥、地仙、和尚、師巫、禱祝等事，亦弟所一一親見者。吾輩守得一分，則家道多保得幾年。

木器但求堅實，不尚雕鏤，漆水却須略好，乃可經久；屋宇不尚華麗，却須多種竹柏，多種菜園，即佔去田畝，亦自無妨。

家中婦女漸多，外則講究種蔬，内則講究曬小菜、腌菜之類，乃是興家氣象。請弟倡之。

星岡公之家法，後世當守者極多，而其不信巫醫地仙，吾兄弟尤當竭力守之。

處茲亂世，錢愈多則患愈大，兄家與弟家，總不宜多存現銀，現錢每年足敷一年之用，便是天下之大富，人間之大福。家中要得興旺，全靠出賢子弟。若子弟不賢不才，雖多積銀、積錢、積穀、積產、積衣、積書，總是枉然。子弟之賢否，六分本於天生，四分由於家教。吾家代代，皆有世德明訓，惟星岡公之教，尤應謹守牢記。吾近將星岡公之家規，編成八字句云：『書、蔬、魚、猪、考、寶、早、掃。常說常行，八者都好。地、命、醫理、僧巫祈禱、留客久住，六者俱惱。』蓋星岡公於地、命、醫、僧、巫五項人，進門便惱，即親友遠客，久住亦惱。此八好六惱者，我家世世守之，永爲家訓，子孫雖愚，亦必略有範圍也。

吾家現雖鼎盛，不可忘寒士家風味，子弟力戒傲惰。戒傲以不大聲罵僕從爲首，戒惰以不晏起爲首。吾則不忘蔣市街賣菜籃情景，弟則不忘竹山坳拖碑車風景。昔日苦況，安知異日不再嘗之？自知謹慎矣！

吾自五十以後，百無所求，惟望星岡公之後，丁口繁盛，此念刻刻不忘。吾德不及祖父遠甚，惟此心則與祖父無殊。弟與沅弟，望後輩添丁之念，又與阿兄無殊，或者天從人願，鑒我三兄弟之誠心，從此丁口日盛，亦未可知。且即此一念，足見吾兄弟之同心，無論哪房添丁，皆有至樂。和氣致祥，自有可卜昌盛之理。

譯文

我與沅弟同時封爵開府，門庭可謂極其旺盛，但這不可以長久依恃。記得己亥年正月，星岡公教訓竹亭公說：『寬一雖然點了翰林，但我們家靠作田爲職業，不可以依靠他喫飯。』這話最有道理。現在依舊守住這句話作爲命脈，希望我的弟弟專門在作田上用些工夫，以書、蔬、魚、猪、早、掃、考、寶八個字爲輔助，不管家中如何富貴興盛，切莫完全改變道光初年時的規模。大凡家道之所以能够長久保持的，不依恃一時的官爵，而是依恃長遠的家規，不依恃一二人的驟然發迹，而是依恃衆人的維持。我若是有福氣罷官回家，當與弟竭力維持家風。老舊親眷，貧賤族黨，不可以怠慢。對待貧困人也與對待富貴人一個樣，處於興盛時要預先想到衰落時。如此，自然家業基礎便深固了。

我們兄弟處在這樣的時代，獲得這樣的大名，總以銀錢少田產薄爲好。一則平日裏免去別人的窺視，混亂時免遭人搶掠；二則子弟稍微見到家裏經濟上的窘迫，不至於一味奢侈。

我自嘉慶末年到道光十九年，見祖父星岡公每天生活有規律，不改變他的處世原則，不相信醫藥、地仙、和尚、師公巫婆、作道場法事等，這些也是弟一一親眼見到的。我們這一代守住一分，家道則可多保得幾年。

木器祇求堅實，不必追求雕鏤，用漆却必須比較好，纔可經久耐用。屋宇不必追求華麗，却必須多種竹子柏樹，多種蔬菜，即便佔去一些稻田也無妨。

家中婦女漸漸增多，外務則需講究種蔬菜，内務則需講究曬菜腌菜這些事，纔是家庭興旺的氣象，請弟提倡這種風氣。

星岡公的家法，後世應當遵守的極多，他不相信巫醫地仙這一點，我們兄弟尤其應當竭力守住。

處在這樣的亂世，錢愈多則禍患愈大，我家與弟家，總不應多存現金。每年的現金能够一年的開支，便是天下的大富、人間的大福。家裏要想興旺，完全靠出賢良子弟，若子弟不賢良沒有才幹，即便多積蓄銀錢、積蓄糧食田産、積蓄衣物書籍，總是枉然。子弟賢與不賢，六分源於天生，四分由於家教。我們家代代都有好的德行嚴明的家訓，特别是星岡公的教導，尤其應當謹守牢記。我近來將星岡公的家教編成八句，叫做：『書、蔬、魚、猪、考、寶、早、掃，經常説經常做，八個方面都是好的。地仙、算命、醫藥、僧人巫婆作道場法事、留客人久住，這六者都煩惱。』這是因爲星岡公對地、命、醫、僧、巫五類人，一進門便惱火他們，即便是親友遠客，住久了也惱火。這八好與六惱，我家要世代守住，永遠作爲家訓，子孫即便愚蠢，也會大致有個譜。

我家現在雖然鼎盛，不可以忘記寒士家的風味，子弟要力戒驕傲懶惰。戒傲以不大聲駡僕從爲第一點，戒惰以不晚起床爲第一點。我則不忘當年蔣市街賣菜籃子的情景，弟則不忘當年竹山坳拖碑車

的情景。從前的苦境，又怎麼能知道今後就不會再出現？自己要知道謹慎啊！

我自五十以後百無所求，惟希望星岡公的後代人丁興旺，這個念頭時刻不忘。我的德行不及祖父很遠，祇有這顆心與祖父沒有區别。弟與沅弟希望後輩生兒子的念頭與你老哥也沒有區别。或者天從人願，鑒於我三兄弟的誠意，從此以後人丁日盛也未可知。況且即便就是這個念頭，也足以看到我們兄弟的同心。無論哪一房生兒子，都有很大的快樂。和氣致祥，自有可預卜家道昌盛的道理。

評點

此處所抄録的九段話中，有五段提到星岡公。星岡公是曾氏的祖父。曾氏説他治家的那一套，完全來源於祖父，並常常自愧遠不如祖父，在讀者的心目中，這位星岡公一定是個了不起的人。殊不知這位曾氏的偶像，在年輕時竟是個浮蕩子弟。這話就出自於曾氏本人的筆下，應當是千真萬確的。筆者抄一段曾氏的《大界墓表》，以便讓讀者對星岡公有個全面的瞭解：『府君言之曰：吾少耽遊惰，往還湘潭市肆，與裘馬少年相逐，或日高酣寢。長老有譏以浮薄，將覆其家者。余聞而立起自責，貸馬徒行。自是終身未明而起。余年三十五，始講求農事。』從這段話可知，三十五歲前的星岡公不務正業，浮薄放蕩，三十五歲後纔走正路。可貴的是，他一旦醒悟，便能終身向善。這位身居僻鄉的農民，居然能有不靠做官而靠作田喫飯的見識，在那個時代，也的確算得上一個很有頭腦的人了。

原文　由儉入奢易由奢返儉難

凡人多望子孫爲大官，余不願爲大官，但願爲讀書明理之君子。勤儉自持，習勞習苦，可以處樂，可以處約，此君子也。余服官二十年，不敢稍染官宦氣習，飲食起居，尚守寒素家風，極儉也可，略豐也可，太豐則我不敢也。凡仕宦之家，由儉入奢易，由奢返儉難。爾年尚幼，一切不可貪愛奢華，不可慣習懶惰。無論大家小家，士農工商，勤苦儉約，未有不興，驕奢倦怠，未有不敗。

譯文

大多數人都希望子孫爲大官，我不願子孫爲大官，但願爲讀書懂道理的君子。勤儉自立，習於勞苦，可以過快樂的生活，也可過儉樸的生活，這就是君子。我做官二十年，不敢稍稍沾染官場習氣，飲食起居，依舊守住寒素家風，極爲儉樸也可以，略爲豐盈也可以，太豐盈我則不敢爲。凡官宦之家，由儉入奢容易，由奢返回到儉則困難。你年齡還小，一切都不可以貪求奢華，不可以習慣於懶惰。無論是大家族還是小家庭，無論是讀書人還是農、工、商人，勤苦儉約，沒有不興盛的，驕奢倦怠，沒有不失敗的。

評點

這是咸豐六年九月曾氏寫給次子紀鴻信中的一段話。收信人尚不到九歲，自然對信中的話不能理解透徹，但對於讀者來說，這確是一段金玉良言，尤其是『不願爲大官，但願爲讀書明理之君子』這句話，很值得望子成龍的天下父母們深思。

原文　繼承家風强調勞儉

爾當體我此意，於叔祖各叔父母前，盡些愛敬之心，常存休慼一體之念，無懷彼此歧視之見，則老輩內外必器愛爾，後輩兄弟姊妹必以爾爲榜樣，日處日親，愈久愈敬。若使宗族鄉黨，皆曰紀澤之量大於其父之量，則余欣然矣。

我家高曾祖考，相傳早起，吾得見竟希公、星岡公皆未明即起，冬寒起坐，約一個時辰，始見天亮。吾父竹亭公亦甫黎明即起，有事則不待黎明，每夜必起看一二次不等。余近亦黎明即起，思有以紹先人之家風。既冠受室，當以早起爲第一先務，自力行之，亦率新婦力行之。

昔吾祖星岡公，最講治家之法，第一起早，第二打掃乾净，第三誠修祭祀，第四善待親族鄰里。凡親族鄰里來家，無不恭敬款待，有急必周濟之，有訟必排解之，有善必慶賀之，有疾必問，有喪必弔。此四事之外，於讀書種菜等事，尤爲刻刻留心，故寫家信，常常提及書蔬魚猪四端者，蓋祖父相傳之家法也。

銀錢田產，最易長驕氣惰氣。我家中斷不可積錢，斷不可買田。爾兄弟努力讀書，決不怕沒飯喫。至囑！

吾教子弟，不離八本、三致祥。八者：曰讀古書以訓詁爲本，作詩文以聲調爲本，養親以得歡心爲本，養生以少惱怒爲本，立身以不妄語爲本，治家以不晏起爲本，居官以不要錢爲本，行軍以不擾民爲本。三者：曰孝致祥，勤致祥，恕致祥。吾父竹亭公之教人，則專重孝字，其少壯敬親，暮年愛親，出於至誠，故吾纂墓誌僅叙一事。吾祖星岡公之教人，則有八字、三不信。八者，曰考、寶、早、掃、書、蔬、魚、豬。三者，曰僧巫、地仙、醫藥皆不信也。處茲亂世，銀錢愈少，則愈可免禍；用度愈省，則愈可養福。爾兄弟奉母，除勞字儉字之外，別無安身之法。吾當軍事極危，輒將此二字叮囑一遍，此外亦別無遺訓之語。

譯文

你應當體諒我的這個心意，在叔祖及各叔父母面前，盡一些敬愛之心，常常存着休慼一體的念頭，不要懷着彼此歧視的俗見，那麽老輩及家裏家外都必然器重你愛護你，後輩兄弟姐妹必定會以你作爲榜樣，相處則日見親密，愈久則愈敬愛。若使宗族鄉里都説紀澤的度量大過他父親的度量，我就高興了。

我家高祖、曾祖、祖父，相傳都起床早。我親眼看見過竟希公、星岡公都是未明即起。冬天寒冷時起來坐在屋裏，約兩個鐘頭後纔見天亮。我的父親竹亭公也是天剛亮便起床，有事則不等到黎明，每夜必起床看一二次不等。我近來也是黎明即起，想以此來繼承先人的家風。剛到十八歲就結婚，應當以早起爲第一要務，自己力行，也要率領新媳婦力行。

我的祖父星岡公，最講求治家的方法。第一早起床，第二打掃乾净，第三祭祀虔誠，第四善待親族鄰里。凡是親族鄰里來到家裏，無不恭敬款待，若有急難則必予以救濟，有糾紛必予以排解，有喜事必予以慶賀，有疾病必予以慰問，有喪事必予以弔唁。這四件事外，對於讀書、種菜等事，尤其時刻留心。故而我給你們寫信，常常提到書、蔬、魚、豬四個方面，是因爲這是祖父相傳的家法。

銀錢田産，最容易滋長人的驕氣惰氣。我家裏斷不可積蓄銀錢，斷不可買田地，你們兄弟努力讀書，決不怕没飯喫。至囑！

我教育子弟，不要背離八本、三致祥。八本：讀古書以訓詁爲本，作詩文以聲調爲本，侍奉雙親以得歡心爲本，養生以減少惱怒爲本，立身以不妄語爲本，治家以不晚起床爲本，做官以不貪錢爲本，行軍以不擾民爲本。三致祥：孝順致祥，勤奮致祥，寬恕致祥。我的父親竹亭公教育人，則專門看重孝字。他少壯時敬父母親，暮年愛護子孫，都出於至誠。故而我撰寫墓誌時衹叙述一件事。我的祖父星岡公教育人，則有八個字、三不信。八個字即考、寶、早、掃、書、蔬、魚、豬。三不信即僧巫、地仙、醫藥都不相信。處在這個亂世時代，銀錢越少，則越可免除災禍；開支越省儉，則越可以培養福分。你們兄弟侍奉母親，除勞字儉字外，別無其他安身之法。我在軍事極危難時，將這兩個字叮囑，此外則没有別的遺訓了。

評點

這幾段話，均出自於咸豐八年至十一年，曾氏給二子的家信。從中可以看出，曾氏希望二子繼承家風。他所說的家風，即八字、八本、三致祥等。此外，他更强調勤勞與儉樸的重要。對富貴家子弟來說，最易犯的毛病便是懶散與奢侈。勞、儉二字對曾家的二位少爺來說，可謂對症下藥。

原文　不沾富貴氣習

凡世家子弟，衣食起居，無一不與寒士相同，庶可以成大器。若沾染富貴氣習，則難望有成。吾忝爲將相，而所有衣服，不值三百金，願爾等常守此儉樸之風，亦惜福之道也。其照例應用之錢，不可過嗇。

余每見嫁女，貪戀母家富貴而忘其翁姑者，其後必無好處。余家諸女，當教之孝順翁姑，敬事丈夫，慎無重母家而輕夫家，傚澆俗小家之陋習也。

譯文

凡世家子弟的衣食起居，無一不與貧寒之士相同，或者可以成大器。若是沾染富貴習氣，則難以期望有所成就。我不稱職地身爲將相，而所有的衣服值不了三百兩銀子。願你們常常守住這種儉樸之風，這也是惜福的方式。當然，那些照例應用的錢，也不可太吝嗇。

我常見出嫁的女兒，貪戀母家的富貴，而忘記她的公婆的，以後必無好處。我家的各位女兒，應當教她們孝順公婆，敬事丈夫，特别注意不要重母家而輕夫家，傚世俗間小家子的陋習。

評點

富貴家的子弟，男兒要與寒士同，女兒不要重母家而輕夫家。這是曾氏對自家兒女的告誡，意在打消他們的特權意識，保持平民心態。

原文　人肯立志凡事都可做到

吾家纍世以來，孝弟儉勤。輔臣公以上，吾不及見，竟希公、星岡公，皆未明即起，竟日無片刻暇逸。竟希公少時，在陳氏宗祠讀書，正月上學，輔臣公給錢一百，爲零用之需，五月歸時，僅用去二文，尚餘九十八文還其父。其儉如此！星岡公，當孫入翰林之後，猶親自種菜收糞。吾父竹亭公之勤儉，則爾等所及見也。今家中境地，雖漸寬裕，侄與諸昆弟，切不可忘却先世之艱難，有福不可享盡，有勢不可使盡。勤字工夫，第一貴早起，第二貴有恒；儉字工夫，第一莫着華麗衣服，第二莫多用僕婢僱工。凡將相無種，聖賢豪傑亦無種，祇要人肯立志，都可做得到的。

譯文

我家纍世以來最是孝弟勤儉的。輔臣公以上我來不及見到，竟希公、星岡公都是天不亮即起床，一天到晚無片刻閒暇。竟希公少時，在陳氏宗祠裏讀書。正月裏開學時，輔臣公給一百文錢，作爲零用。五月放假回來，衹用去兩文，還剩下九十八文還給他父親。他的儉樸就是這樣的！星岡公在他的孫子入翰林院之後，還親自種菜拾糞。我父親竹亭公的勤儉，則是你們所親眼看見的。現在家中的境况雖然漸漸寬裕，侄兒你與各位兄弟切不可忘記先人的艱難，有福不可享盡，有勢不可使盡。勤字上的工夫，第一可貴的是早起床，第二可貴的是持之以恒。儉字上的工夫，第一是不要穿華麗的衣服，第二不要多用僕人多僱工人。將相無種，聖賢豪傑也無種，一個人衹要肯立志，就都可以做得到的。

評點

現在的曾氏家書集中，衹收有惟一的一封給侄兒的信。這封信是同治二年十二月間寫給曾紀瑞的。紀瑞是老九的長子，這年他十五歲。教侄之語與教子同，仍强調勤儉二字。給侄兒叙述歷代先人的勤儉品德，細説勤儉的種種可做到的小事，真可謂娓娓説來，慈愛親切！

原文　考前不可遞條子

世家子弟門第過盛，萬目所矚。臨行時，教以三戒之首末二條，及力去傲惰二弊，當已牢記之矣。場前不可與州縣來往，不可送條子，進身之始，務知自重。

譯文

世家子弟因門第過於興盛，爲萬目所矚。臨行時，我教導你三戒的首末二戒，以及力去驕傲與懶惰兩種弊病，應當已經牢記了。進考場前不可以與州縣官來往，不可送請託的條子，提高身份的初始，即務必要知道自重。

評點

同治三年秋，十七歲的曾紀鴻在長沙參加鄉試。此時正當金陵克復，曾氏家族如日中天之際，曾氏深恐兒子不懂事，在鄉試期間依仗家庭勢力營私，遂來信告誡兒子不可與州縣往來，不可遞條子，半個月後又再次來信，重申『斷不可送條子，致騰物議』。

原文　夜飯不葷

爾等奉母在寓，總以勤儉二字自惕，而接物出以謙慎。凡世家之不勤不儉者，驗之於内眷而畢露。余在家深以婦女之奢逸爲慮，爾二人立志，撑持門户，亦宜自端内教始也。

吾近夜飯不用葷菜，以肉湯炖蔬菜一二種，令極爛如粥，味美無比，必可以資培養。菜不必貴，適口則足養人，試炖爾母食之。星岡公好於日入時，手摘鮮菜，以供夜餐。吾當時侍食，實覺津津有味，今則加以肉湯，而味尚不逮於昔時。後輩則夜飯不葷，專食蔬而不用肉湯，亦養生之宜，且崇儉之道也。顔黄門之推《顔氏家訓》作於亂離之世，張文端英《聰訓齋語》作於承平之世，所以教家者極精。

仕宦之家，往往貪戀外省，輕棄其鄉，目前之快意甚少，將來之受累甚大。吾家宜力矯此弊。

譯文

你們侍奉母親在家，總要以勤儉兩個字來自我警惕，對外則以謙慎態度接待別人。世家凡不勤不儉的，從內眷身上就完全可以看得出來。我在家時就深以婦女們的奢華安逸爲憂慮。你們二人立定志向，支撑門户，也應從端正家庭內部的教育開始。

我近來夜晚喫飯不用葷菜，以肉湯炖一二種蔬菜，炖得像粥一樣爛，味美無比，一定可以滋補身體。菜不必貴，適合口味就足以滋養人。你們可以試着炖給母親吃。星岡公喜歡在日落時親手摘蔬菜，用來做夜餐。我當時陪在旁邊吃，確實覺得津津有味，現在加上肉湯，味道還比不上過去。後輩夜飯不吃葷菜，專吃蔬菜而不用肉湯，也是對養生有益，而且是崇尚儉樸的一種方法。顔之推的《顔氏家訓》作於亂離之世，張英的《聰訓齋語》作於承平之世，關於家庭教育方面都有很精當的言論。

仕宦之家，往往貪戀外省而輕易放棄老家。眼下的快樂感覺很少，而將來的受累則很大。我家應竭力矯正這個弊端。

評點

晚餐宜少宜清淡，這是現代保養身體的常識。百多年前曾氏所説的『夜飯不葷』，與此意相同。

原文　對近鄰酒飯宜鬆禮貌宜恭

李申夫之母，嘗有二語云：『有錢有酒款遠親，火燒盜搶喊四鄰。』戒富貴之家，不可敬遠親而慢近鄰也。我家初移富圫，不可輕慢近鄰，酒飯宜鬆，禮貌宜恭，或另請一人款待賓客亦可。除不管閒事不幫官司外，有可行方便之處，亦無吝也。

譯文

李申夫的母親曾經説過兩句話：『有錢有酒款遠親，火燒盜搶喊四鄰。』這話是告誡富貴人家不可祇敬待遠親而慢待近鄰。我家剛搬到富圫，不可輕慢近鄰。酒飯接待亦放寬鬆，禮貌上亦取恭敬態度，或者專門請一個人來招待賓客也行。除開不管閒事不幫官司外，有可行方便的地方，也不要吝嗇。

評點

曾氏治家八字中有一字爲『寶』，即將鄰里當作寶貝，也就是善待鄰里的意思。四鄰八舍若都處在大致差不多的水平綫上，彼此關係會親近些，若社會地位、財産相差太大，則聯繫不多。這時往往需要社會地位高者、經濟富有者主動與别人聯絡，否則便反而會被孤立。曾氏這段話便是要家人放下架子，主動與近鄰建立親善關係，具體的做法是『酒飯宜鬆，禮貌宜恭』。

原文　常懷愧對之意

心緒憧憧，如有所失，念人生苦不知足。方望溪謂漢文帝之終身常若自覺不勝天子之任者，爲最善形容古人心曲。大抵人常懷愧對之意，便是載福之器，入德之門。如覺天之待我甚厚，我愧對天；君之待我過優，我愧對君；父母之待我過慈，我愧對父母；兄弟之待我過愛，我愧對兄弟；朋友之待我過重，我愧對朋友。便覺處處皆有善氣相逢。如自覺我已無愧無怍，但覺他人待我太薄，天待我太嗇，則處處皆有戾氣相逢。德以滿而損，福以驕而減矣。此念願刻刻懔之。

譯文

心情不安，像有所丢失一樣，感念人生苦於許多人常常不知滿足。方望溪説漢文帝一輩子常常覺得自己不能勝任天子之職，這句話最能形容古人的心曲。大致説來，人常懷有愧對的心情，便是承載福分的工具，便是進入道德的門檻。譬如覺得天待我很厚，我愧對天；君王待我過於優待，我愧對君王；父母待我過於慈愛，我愧對父母；兄弟待我過於親愛，我愧對兄弟；朋友待我過於情重，我愧對朋友。若這樣，則處處有善氣相逢。如果我自己覺得已對什麽都不慚愧，祇覺得別人待我太薄，天待我太吝嗇，則處處皆有戾氣相逢。道德因盈滿而虧損，福分因驕傲而減殺。這個念頭但願能時刻懔然存着。

評點

基督教教義中有一個重要内容，即感恩。人要時時懷着感恩的心情，感謝上帝的賜與，因爲上帝賜給了你的吃穿住行，上帝賜給了你的健康，上帝賜給了你一個好的環境。總之，你的一切都是上帝的恩賜，所以要對上帝感恩。其實没有上帝，《聖經》反覆説這些，其目的是要培植信徒們的感恩心態。這種感恩心態，是一種非常好的心態，它讓人在充塞滿足感中度過生命的每一天。曾氏所説的愧對，與《聖經》所説的感恩，本質上是一致的，祇是表述的方式不同而已。東西方文化，其本質是相通的，愧對與感恩相通，便是一例。

原文　居官四敗與居家四敗

昔年曾以居官四敗、居家四敗書於日記，以自儆惕。兹恐久而遺忘，再書於此，與前次微有不同。居官四敗曰：昏惰任下者敗，傲狠妄爲者敗，貪鄙無忌者敗，反覆多詐者敗。居家四敗曰：婦女奢淫者敗，子弟驕怠者敗，兄弟不和者敗，侮師慢客者敗。仕宦之家不犯此八敗，庶有悠久氣象。

譯文

先前曾經以居官四敗、居家四敗寫在日記中，藉以自我警惕。現在擔心時間久了忘記，再次寫在這裏，與前次寫的稍微有點不同。居官四敗説的是：昏憒懶惰放任下屬者敗，驕傲狠悍胡作非爲者敗，貪婪鄙陋無所顧忌者敗，反覆無常多姦詐者敗。居家四敗説的是：婦女奢侈淫蕩者敗，子弟驕傲怠慢者敗，兄弟之間不和睦者敗，欺侮老師慢待客人者敗。官宦家庭不犯這八敗毛病的，或許有家業悠久的氣象。